T0193256

Printed in the United States
By Bookmasters

الموهبة والتفكير الإبداعي في التعليم

# الموهبة والتفكير الإبداعي في التعليم

تأليف

حسين عبد الحفيظ الكيلاني

الطبعة الأولى

2009م - 1430هـ

رقم الإيداع لدى دائرة المكتبة الوطنية (2008/10/3637)

371.9

الكيلاني ، حسين .

الموهبة والتفكير الإبداعي في التعليم / حسين عبد الحفيظ الكيلاني . عمان: دار دجلة 2009.

( 168 ) ص

ر.أ: (2008/10/3637).

الواصفات:/ الإبداعية //التفكير المبدع//التعليم//طرق التعليم/

أعدت دائرة المكتبة الوطنية بيانات الفهرسة والتصنيف الأولية

الطبعة الأولى 2009

دار دجلة
ناشرون وموزعون

المملكة الأردنية الهاشمية

عمان- شارع الملك حسين- مجمع الفحيص التجاري

تلفاكس: 0096264647550

خلوي: 00962795265767

ص. ب: 712773 عمان 11171- الأردن

جمهورية العراق

بغداد- شارع السعدون- عمارة فاطمة

تلفاكس:0096418170792

خلوي: 009647705855603

E-mail: dardjlah@ yahoo.com

978-9957-71-059-0 :ISPN

## المحتويات

# الفصل الأول

# الموهبة

# الفصل الأول
## الموهبة

**مقدمة:**

التعريف اللغوي للموهبة هي مأخوذة من الفعل (وهب) أي أعطى شيئاً مجاناً فالموهبة إذاً هي العطية للشيء بلا مقابل.

ومعنى كلمة موهوب في اللغة الإنسان الذي يعطي أو يمنح شيئاً بلا عوض ويطلق لفظ الموهوب على القسم العالي جداً من مجموعة المتفوقين الذين وُهبوا الذكاء الممتاز ، كما أنهم يبدون سمات معينة غالباً ، إذ تجعلنا نعقد عليهم الأمل في الإسهام بنصيب وافر في تقدم أمتهم وقيل في تعريف الموهوب إنه الطفل الذي يبدي بشكل ظاهر قدرة واضحة في جانب ما من جوانب النشاط الإنساني.

**أما المعنى الاصطلاحي للموهبة والموهوبين:**

- **يعرف لانج وايكوم** (1932) المواهب بأنها: (قدرات خاصة ذات أصل تكويني لا ترتبط بذكاء الفرد ، بل أن بعضها قد يوجد بين المتخلفين عقلياً).

- **يعرف كارتر جول** ( 1973 ) الموهبة بأنها: (القدرة في حقل معين ، أو المقدرة الطبيعية ذات الفاعلية الكبرى نتيجة التدرب مثل الرسم والموسيقى ولا تشمل بالضرورة ، درجة كبيرة من الذكاء العام ).

إن الموهبة تعني العطية للشيء بلا مقابل وهذا المصطلح سنتعرف عليه من خلال القواميس العربية للغة ومنها :

- **تعريف المختار الصحاح للموهبة بأنها** / وهب- أي وهب له شيئاً والموهبة هي قبول الهبة والموهبة هي الشيء الذي يملكه الإنسان.

- تعريف قاموس لسان العرب للموهبة بأنها / وهب - يهب - وهوب - أي يعطيه شيئاً .

- تعريف قاموس المنجد للموهبة بأنها / وهب - أي إعطاء الشيء إياه بلا عوض .

- تعريف قاموس المحيط للموهبة بأنها / وهب - يهب - والموهبة العطية والسحابة وأوهب الشيء له أي دام له .

ومما سبق من القواميس العربية نجد أن كلمة موهوب أتت من الأصل وهب وتجمع كل القواميس العربية على أن كلمة وهب هي العطية أي الشيء المعطى للإنسان والدائم بلا عوض.

## تطور مفهوم الموهبة:

كانت أولى المحاولات العلمية لفهم ظاهرة الموهبة والتفوق العقلي هو ما قام به جالتون عام 1869م من خلال التعرف على دور الوراثة في تكوين الموهبة والتفوق الذهني، حيث استخدم في محاولته هذه مصطلح العبقرية والتي عرفها بأنها : القدرة التي يتفوق بها الفرد والتي تمكنه من الوصول إلى مركز قيادي سواء في مجال السياسة أو الفن أو القضاء أو القيادة . إلا أن هذا المصطلح اختفى سريعا وحل محله مصطلح التفوق العقلي والمتفوقون عقليا وأصبح هذا المصطلح هو الأكثر استخداما وتداولا في البحوث والدراسات والبرامج التعليمية .

ثم توالت البحوث والدراسات للتعرف على الموهوبين حتى جاء ستانفورد بينيه عام 1905 م حيث طور اختبار للذكاء عرف فيما بعد باسمه اختبار ستانفورد بينيه لتطبيقه في تصنيف الأطفال والتعرف على ذوي الذكاء المنخفض والذين سموا بالمتخلفين عقلياً، وذوي الذكاء المرتفع والذين أطلق عليهم المتفوقين عقلياً وأصبح هذا المقياس من أهم المقاييس التي تستخدم في التعرف والكشف عن الموهوبين وقد دعم هذا الاتجاه لقياس الذكاء ظهور العديد من النظريات والمفاهيم حول القدرات العقلية .

بعد انتهاء الحرب العالمية الثانية بدأ التنافس يظهر بين الدول المتقدمة في التطور التقني وبدأت الحاجة إلى المزيد من التركيز على الإبداع والابتكار فظهرت عدة مفاهيم جديدة للقدرات العقلية أهمها مفهوم التكوين العقلي الذي اقترحه جيلفورد عام 1959م والذي لخصه في أن التكوين الذهني يتضمن ثلاثة أبعاد هي:

| التكوين الذهني | | |
|---|---|---|
| النواتج | المضمون | العمليات العقلية |
| الوحدات | الأشكال | التعرف |
| المجموعات | الرموز | التذكر |
| الصلات | المعاني | التفكير التباعدي |
| النظم | المواقف السلوكية | التفكير التقاربي |
| التحويلات | | التقويم |
| المتضمنات | | |

يعتبر احدث تعريف ظهر تعريفاً لاقى إقبالا واهتماما كبيرا من الباحثين وهذا التعريف طوره الدكتور رنزولي 1978م مصمم البرنامج الاثرائي الثلاثي الأبعاد حيث يؤكد رنزولي أن الموهبة تتكون من التفاعل بين ثلاثة مكونات للسمات الإنسانية وهي:

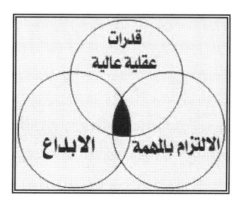

فمن هذا التعريف ينطلق بان الموهوبين هم الذين يمتلكون او لديهم القدرة على تطوير هذا الترتيب من الخصائص والسمات واستخدامها في أي مجال من المجالات الإنسانية وهؤلاء الموهوبون يحتاجون إلى فرص تربوية وخدمات تعليمية لا تتوافر عادة من خلال الدراسة العادية في المدارس .

وان السبب الرئيسي لاهتمام العلماء بهذا التعريف هو أن أي موهوب من الضروري له في أي مجال من المجالات أن يستخدم الخصائص الثلاث وهي قدرة عقلية عالية، قدرة ابتكاريه مرتفعة، دافع قوى للإنجاز والمثابرة.

- **ويعرف ( فلدمان )** الموهبة بأنها الاستعداد والتفاعل البناء مع مظاهر مختلفة من عالم التجربة

- **وتعرف لجنة التعليم والعمل بالولايات المتحدة (1972)** الطفل الموهوب على أنه ( صاحب الأداء المرتفع أو الإنجاز العالي في واحد أو أكثر من المجالات الآتية:

- القدرة العقلية العامة .

- قدرة أكاديمية متخصصة.

- تفكير ابتكاري خلاق.

- الفنون العصرية أو التمثيلية.

- القدرة النفس – حركية

من هذه التعاريف جميعها ظهر لنا تعريف شامل استعمل في الدراسة التي تمت في المملكة العربية السعودية للطالب الموهوب هو :

- هو الذي يوجد لديه استعدادات فطرية وقدرات غير عادية أو أداء متميز عن بقية أقرانه في مجال أو أكثر من المجالات التي يقدرها المجتمع وخاصة مجالات التفوق العقلي والتفكير الابتكاري والتحصيل العلمي والمهارات والقدرات الخاصة.

## - خصائص الموهوبين

| سمات وخصائص الموهوبين | | | |
|---|---|---|---|
| الإبداع | القيادة | الدافعية | التعلم |
| -محب للاستطلاع | -ذو كفاءة وينجز بدقة | -متقن لأعماله | -حصيلته اللغوية كبيرة |
| -لديه أفكار وحلول للمشكلات | -ذو ثقة كبيرة بنفسه | -لا يميل للأعمال الروتينية | -لديه حصيلة كبيرة من المعلومات |
| -يعبر بجرأة ولا يخشى النقد | -محبوب من الجميع | -بحاجة إلى قليل من الحث في عمله | -سريع البديهة وقوي الذاكرة |
| -حب الاستكشاف | -يعبر عن رأيه بوضوح | -يسعى إلى إتمام عمله | -نافذ البصيرة وحلل للوقائع |
| -سريع البديهة واسع الخيال | -يتمتع بالمرونة في تفكيره | -يفضل العمل بمفرده | -ملم بالأنظمة والقوانين |
| -يتمتع بروح الدعابة | -اجتماعي | -يهتم بأمور الكبار | -حاد الملاحظة |
| -مرهف الحس | -يدير الأنشطة المشارك بها | -حازم ومغامر | -كثير القراءة والمطالعة |
| -ذواق للجمال | -يشارك في معظم الأنشطة | -يميز بين الصواب والخطأ | |
| -دقيق في كلامه | | | |

**خصائص عامه :**

1- يتعلمون القراءة مبكرا (قبل دخول المدرسة أحيانا ولديهم ثروة مفردات كبيرة).

2- يتعلمون المهارات الأساسية أفضل من غيرهم وبسرعة ويحتاجون فقط إلى قليل من التمرين .

3- أفضل من أقرانهم في بناء الفكر والتعبير التجريدي واستيعابه

4- أقدر على تفسير التلميح والإشارات من أقرانهم .

5- لا يأخذون الأمور على علاتها، غالباً ما يسألون كيف ؟ ولماذا ؟

6- لديهم القدرة على العمل معتمدين على أنفسهم عند سن مبكرة ولفترة زمنية أطول .

7- لديهم القدرة على التركيز والانتباه لمدة طويلة .

8- غالباً ما يكون لديهم رغبات وهوايات ممتازة وفريدة من نوعها .

9- يتمتعون بطاقة غير محدودة .

10- لديهم القدرة المتميزة للتعامل الجيد مع الآباء والمدرسين والراشدين ويفضلون الأصدقاء الأكبر منهم سنا

**خصائص إبداعية ( ابتكارية ) :**

1. مفكرون سلسون فصحاء قادرون على التصور لعدد من الاحتمالات والنتائج والأفكار التي لها علاقة بالموضوع المطروح للنقاش .

2. مفكرون مرنون قادرون على طرح أبدال واختيارات واقتراحات عند اشتراكهم في حلول المشاكل.

3. مفكرون لديهم القدرة والإبداع والربط بين المعلومات والأشياء والأفكار والحقائق التي تبدو وكأن ليس لها علاقة ببعضها .

4. مفكرون مجتهدون وجادون في البحث عن الجديد من الخطوات والأفكار والحلول .

5. مفكرون لديهم الرغبة وعدم التردد في مواجهة المواقف الصعبة والمعقدة ويبدون نجاحا في إيجاد الحلول للمواقف الصعبة .

6. مفكرون لديهم القدرة على التخمين الجيد وبناء الفرضيات أو الأسئلة مثل ماذا لو ؟

7. مفكرون يعرفون باندفاعيتهم وحدسهم داخل نفوسهم ويبدون حساسية عاطفية تجاه الآخرين .

8. مفكرون يتمتعون بمستوى عال من غريزة حب الاستطلاع والأفكار والمواقف والأحداث .

9. مفكرون عادة ما يمارسون المزاح والتخيلات الذكية .

10. مفكرون أنشط ذهنيا من أقرانهم وغالباً ما يظهرون ذلك عند اختلاف وجهات النظر .

## الخصائص التعليمية :

1- يتصفون بقوة الملاحظة لكل ما هو مهم وكذلك رؤية التفاصيل المهمة .

2- غالبا ما يقرأون الكتب والمجلات المعدة للأكبر منهم سنا .

3- يستمتعون كثيرا بالنشاطات الفكرية .

4- لهم القدرة على التفكير التجريدي والابتكار وبناء المفاهيم .

5- لهم نظرة ثاقبة لعلاقات الأثر والمؤثر .

6- محبون للنظام والترتيب في حياتهم العامة .

7- قد يستاؤون من الخروج على الأنظمة والقواعد .

8- عندهم حب الأسئلة لغرض الحصول على المعلومات كما هي لقيمتها الاستعمالية .

9- عادة ما يكونون ناقدين مقيمين وسريعين في ملاحظة التناقض والتضارب في الآراء والأفكار .

10- عندهم القدرة على الإلمام بكثير من الموضوعات واسترجاعها بسرعة وسهولة.

11- يستوعبون المبادئ العلمية بسرعة وغالبا ما تكون لديهم القدرة على تعميمها علـى الأحداث والناس أو الأشياء .

12- لهم القدرة على اكتشاف أوجه الشبه والاختلاف وكشف ما يشد عن القاعدة .

13- غالبا ما يقسمون المادة الصعبة ويجزئونها إلى مكوناتها الأساسية ويعملون على تحليلها وفق نظام معين .

14- لديهم القدرة الجيدة على الفهم والإدارك العام .

## الخصائص السلوكية :

1- لديهم الرغبة لفحص الأشياء الغريبة وعندهم ميل وفضول للبحث والتحقيق.

2- تصرفاتهم منظمة ذات هدف وفعالية وخاصة عندما تواجههم بعض المشاكل.

3- لديهم الحافز الداخلي للتعلم والبحث وغالبا ما يكونون مثابرين ومصرين علـى أداء واجبـاتهم بأنفسهم .

4- يستمتعون بتعلم كل جديد وعمل الأشياء بطريقة جديدة.

5- لديهم القدرة على الانتباه والتركيز أطول من أقرانهم .

6- أكثر استقلالية واقل استجابة للضغط من زملائهم .

7- لديهم القدرة على التكيف من عدمه مع الآخرين حسب ما تقتضيه الحاجة .

8- ذو أخلاق عالية وتذوق للجمال والإحساس به .

9- لديهم القدرة على الجمع بين النزعات المتعارضة كالسلوك الهادم والبناء .

10- عادة ما يظهرون سلوك أحلام اليقظة .

11- يخفون قدراتهم أحيانا حتى لا يبدون شاذين بين أقرانهم .

12- غالبا ما يكون لديهم الإحساس الواضح والحقيقي حول قدراتهم وجهودهم.

- **ويعرف أيضاً لايكوك الموهوب بأنه هو**( ذلك الفرد الذي يكون أداؤه عالياً بدرجة ملحوظة بصفة دائمة في مجالات الموسيقى أو الفنون أو القيادة الاجتماعية أو الأشكال الأخرى من التعبير ).

**أبرز الصفات التي ينبغي توافرها في معلمي الموهوبين والموهوبات:**

فمعلم الموهوبين هو أحد المعلمين المتميزين في عمله . والذي تتوافر فيه أكثر الصفات التالية:

- أن يتميز بالموهبة والفطنة.
- لديه ميول تجاه التفكير في التفكير.
- اجتماعي . متطلع دائما نحو التميز.
- متحمس لبرامج الموهوبين ويمتاز بقوة الدافعية وطول النفس.
- واسع الاطلاع واثق من نفسه.
- لديه القدرة أن يرى الأشياء من منظور التلميذ.

- موجه لعملية التعليم وليس مسيطر عليها.

- مرن ويحب التغيير و يظهر احتراما لآراء الطلاب.

- قادر على تمييز وتقدير الفروق الفردية.

- قليل الانتقاد والحكم على الأشياء.

- قادر على توفير بيئة آمنة من الخوف من الخطأ.

- قادر على التحكم بعواطفه الداخلية و يوزع المسؤوليات بين الطلاب.

- قادر على توفير بيئة مشجعة للتقويم الذاتي.

- يتعامل مع الطلاب كشريك في عملية التعلم..

- ممارسة مهنة التدريس في المدارس الحكومية.

- تميز المعلم في مجال تخصصه.

- إلمامه بالمهارات الأساسية في الحاسوب.

- المحبة للعمل والاستعداد لبذل المزيد من الجهد والوقت خارج الدوام الرسمي.

## من الخصائص التي ينبغي لمعلم الموهوبين أن يتسم بها:

- أن يكون ملماً بمتطلبات عمله ومتقناً له.

- أن يكون لديه الميل والدافع للانجاز والتحصيل والتطوير.

- أن يكون نشيطاً يقظاً واعياً لما يقوم به من نشاط.

- أن يتمتع بحس سليم وأن يكون لطيفاً في تعامله مع الآخرين.

- أن يكون بناءً ومبدعاً ومبادراً ومحباً للاستطلاع والتجديد والتطوير.

- أن يكون حازماً ومتوازناً وعاطفياً وصادقاً.

- أن يتمتع بصحة جيدة ومظهر لائق.

- أن يكون لديه هوايات متعددة يمارسها وقت فراغه أو مع طلابه .
- أن يكون لديه حس جيد للنكتة ذات الصلة بالموقف التعليمي .
- أن يتمتع بخيال خصب وحدس قوي .
- أن يتمتع بذكاء مرتفع يسعى دائما لتنميته مع إدراكه بأنه قد يكون من طلبته من هو أذكى منه ولذلك يجب أن يحتاط لجميع المواقف التعليمية .
- أن يكون صبوراً إيجابياً واثقاً من نفسه متفهما للطبيعة الإنسانية والفروق الفردية وحاجات الآخرين وأهمية إشباعها .
- أن يتمتع بامتلاك القدرة والرغبة بالاهتمام بطلابه والتعاطف معهم والاهتمام بمشكلاتهم .
- أن يكون متعاوناً مع زملائه من مدرسي نفس المواد ومدرسي المواد الأخرى .
- أن يكون ديمقراطياً يحترم الرأي والرأي الآخر دقيقاً وعادلاً في أحكامه .
- أن يكون محباً لمهنة التعليم معتزاً بها .
- أن يكون ملهما لطلابه وليس مملياً وأن يكون انجازه عالياً ومعقولاً .
- أن يكون معداً إعداداً أكاديميا وثقافياً وتربوياً بصورة جيدة .
- أن يكون ذا فلسفة تربوية واضحة مشجعاً لطلابه ومتحملا لمسؤولياتهم ومحترما لأهدافهم وأفكارهم .
- أن يكون حساساً نحو الجهود الإبداعية للآخرين ومقدراً ومدعماً لها فيما يتعلق بالبرامج الدراسية أو تنمية مهارات التفكير وتطوير التفكير الإبداعي .
- أن تكون الثقة متبادلة بينهم وبين طلابه.

## مـن هو الطفل الموهوب ؟

**يعرف بعض المربين بأنه :** الطفـل الـذي يبـدي إمكانيـة إبـداع مسـتمرة في أحـد المناشـط الإنسانية القيمة. بينما يعرفه الـبعض مـن المـربين بأنـه : مـن أُتي طاقـة عاليـة للـتعلم حتـى أنـه يستطيع أن يتعلم أكثر من المنهج المقر، خلال الوقت المقرر، وتحت الظروف المقررة . كـما يعرفـه أهل الاختصاص بأنه : من كان يملك محصول ذكاء أقله 140بالمئة حسب مقاييس الذكاء المعروفة .

وبناء على نتائج أبحاث جتزلس وجاكسون ( 1962 )، وجليفورد (1963)، وحلمي المليجـي ( 1965 )، يمكن التمييز بين نوعين مـن الموهـوبين، النـوع الأول : يتميـز بقـدرات إبتكاريـة عاليـة ويغلب عليه أسلوب التفكير المشعب (كالأصـالة، والطلاقـة، والمرونـة )، ونـوع آخـر يتميـز بـذكاء مرتفع ويغلب عليـه أسـلوب التفكـير الـلاّم ) كالاسـتدلال القيـاسي، والسـهولة العدديـة، اسـتنباط المتعلقات، .. الخ ).

وقد وجد أن القدرات الابتكارية التي يمكن قياسها باختبارات مناسبة للتفكير المتشـعب، تتميز نسبيا عن الذكاء العام للإنسان ويؤيـد هـذا أبحـاث جليفـورد الـذي يـرى أن هنـاك عوامـل ابتكارية عديدة مستقلة عن العامل العام (الذكاء العام) كما تدل أعمال ماكينون وتيلور وغـيرهما أن الأشخاص الراشدين الذين يتصفون بغزارة الإنتاج الإبـداعي لا تميـزهم جيـدا اختبـارات الـذكاء التقليدية، ويقرر تورانس ( 1962 ) نتيجة لدراساته بجامعة مينسوتا: أننا قد نفقد حوالي 67 بالمئة من أعلى 20 بالمئة من الطلبة المتميزين بقدرات التفكير الإبداعي إذا اعتمدنا فقط على المقـاييس العقلية التقليدية (أي الذكاء) في اختيار الموهوبين.

## الكشف عن الموهوبين

من ناحية الكشف عن الموهوبين أو الاهتداء إليهم فهو أمر ضروري، ولابد من البحث عنهم والأخذ بأيديهم ولفت الأنظار إليهم حتى يعطوا العناية وتستفيد منهم الأمة، فالموهبة والعبقرية ليست حكرا على وطن أو لون أو جنس .. وعلى الآباء والأمهات تقع المسؤولية أولا، فعليهم ملاحظة أبنائهم وبناتهم وآرائهم ونموهم العقلي والجسمي واللغوي والاجتماعي وعليهم أن يطلعوا المدرسة على ملاحظاتهم وما يتصف به أطفالهم من خصائص ومميزات من غير تميز أو غلو .. ومن طرق الكشف عن الموهوبين تطبيق الاختبارات الخاصة بالذكاء وتقارير الباحثين النفسيين والاجتماعيين وفي المدرسة يقوم بذلك المرشد الطالبي بهذا العمل بالاضافة إلى ملاحظة المعلمين ونتائج الاختبارات المدرسية .. وعندئذ نكون فكرة أصوب عن حقيقة الأطفال أو الطلاب واستعداداتهم.

### مميزات الطفل الذكي :

1ـ الكلام المبكر .

2ـ المشي المبكر .

3ـ الأسئلة الاستفسارية.

4ـ سهولة استعمال الكلمات والأفكار واستعمال أكبر عدد من المفردات على الوجه الصحيح.

5ـ التخيل وسعة الحيلة عند مواجهة المشاكل.

6ـ الرغبة في مزيد من التعلم والأسئلة الهامة ومحبة الكتب والرغبة في القراءة.

وفي المدارس يجدر بالمدرسين والمدرسات ملاحظة حديث الطفل واستعماله لأكبر عدد من المفردات خاصة تلاميذ الصفوف الأولية وكذلك التخيل وسعة الحيلة عند مواجهة المشاكل، والاهتمام بأشياء كثيرة، والرغبة في مزيد من التعرف

عليها، والأسئلة الهامة، وإظهار الاهتمام بالأجوبة ومحبة الكتب، والتمييز بين الكلمات على الصفحة المطبوعة وفهمها، والرغبة في القراءة والتركيز على موضوع ما من غير تشتت مدة أطول من الآخرين.

## طرق الكشف عن الموهوبين

الطالب المتفوق دراسيا إذا ظهرت لديه استعدادات للابتكار والإبداع التوصل إلى حلول وأفكار جديدة للمشكلات التي تعرض عليه لا تتفق مع مستوى عمره سمي (مبتكرا ) والابتكار يختلف عن الذكاء حيث إنه ليس من الضروري أن يكون الفرد على درجة عالية من الذكاء لكي يكون مبتكرا .

ويمكن أن يكون الابتكار كما يراه (كاتل) سمة من سمات الشخصية الدينامية تتصف بالجرأة في مواجهة المواقف الغامضة والمعقدة والاستجابة لها باستجابات جديدة وأصيلة. كما أن الابتكار يختلف عن الذكاء لأن دور الوراثة أقل كثيرا من دور البيئة فيه، حيث تزداد أهمية البيئة في عملية الابتكار ونموه.

أما القدرات الخاصة فقد ترتبط بالذكاء العام أو لا ترتبط به، فقد يكون الطالب متفوقا ومتميزا في بعض المهارات العقلية أو الفنية مثل الأدب والفن والرياضيات والميكانيكا ويكون في ذات الوقت متفوقا دراسيا.

كما يمكن أن يكون هناك تداخل بين هذه الجوانب، فقد يكون الطالب مبتكرا ويمتلك قدرة أو موهبة خاصة وفي الوقت نفسه ذكاؤه على قدر عال من الذكاء عندئذ يطلق عليه عبقريا ويتميز بدرجة عالية من الذكاء ويتسم تفكيره بالابتكار ويتميز أيضا ببعض القدرات والمهارات الخاصة ويكون أداؤه على درجة عالية من الدقة.

والموهبة نتاج مشترك بين البيئة والوراثة حيث يرث الفرد استعدادات وإمكانيات وقدرات كامنة قابلة للنمو تلعب الظروف البيئية دورها في تنميتها وصقلها بالتدريب والممارسة، أو في إخفائها وعدم ظهورها.

فموهبة التفوق تنمو تدريجيا من الصف الأول الابتدائي إلى الصف الرابع، ولذلك يفضل أن يتم الكشف عنها في تلك المرحلة مع ملاحظة أن هناك من الطلاب من يظهر نبوغه وتنكشف مواهبه في سن متأخرة، وإذا لم يتم رعاية هذا النبوغ عند اكتشافه أو لم يتم اكتشافه أصلا فإنه يتوقف أو يتناقص تدريجيا بسبب عدم ملاءمة المواقف التربوية لتنمية التفكير الابتكاري وعدم إتاحة فرص التعبير عن الأفكار الأصيلة.

ويتميز الطالب المتفوق الموهوب بتقدم نموه العقلي على عمره الزمني، بحيث يتفوق على أقرانه ممن هم في عمره، سواء أكان ذلك في مستوى التفكير أو في استخدامه للغة، أو في قدرته على التذكر أو في إدراكه للعلاقات، أو في فهمه للمواقف أو في سرعة تعلمه وتقدمه الدراسي مما يجعل البرامج المدرسية العادية غير مناسبة له من الناحيتين الكمية والكيفية.

وليس صحيحا أن الطالب الموهوب يكشف عن نفسه بما يظهره من استعدادات وقدرات في العمل المدرسي.

فقد تظل القدرات والمواهب كامنة بسبب الإهمال والحرمان من جانب البيت والمدرسة والمجتمع، وقد تؤدي الظروف الأسرية السيئة بطالب ما إلى نقصان دافعيته وطموحاته وأهدافه، وتعرضه للاضطرابات النفسية التي تجعل الظروف غير مواتية لتفوقه الدراسي.

كما أن نظام الاختبارات التقليدية تقيس القدرة على الحفظ والاستيعاب، وهو جانب واحد فقط من النشاط العقلي، لذا تفضل الاستعانة باختبارات الذكاء للكشف عن الموهوبين، كاختباري ( وكسلر وبينيه ) للذكاء، مع ملاحظة أن مثل هذه الاختبارات لا تظهر إلا جزءا يسيرا من القدرات والاستعدادات المرتبطة بالموهبة.

لذا تتم الاستعانة أيضا بمقياس الابتكار ـ على أساس أن هناك من الطلاب من يتفوق بالتفكير الإبداعي ولا يتفوق في التحصيل الدراسي ـ مثل اختبارات ( جليفورد، وتورانس ) التي تقيس الإحساس بالمشكلات والأصالة والطلاقة والمثابرة والمرونة. وفي حالة توافر مثل هذه الاختبارات والمقاييس تتم الاستعانة بتقديرات المعلمين التي تتوافر حول طالب معين حيث تعطي مؤشرا لتفوق ونبوغ هذا الطالب.

ويمكن اعتبار النقاط التالية كمقياس للتقدير يستخدمه المعلم في الكشف عن موهبة التفوق والنبوغ لدى الطلاب في المراحل التعليمية المختلفة:

- مدى تفوق الطالب على أقرانه في الفصل الدراسي الواحد.

- مدى السرعة والسهولة التي تبدو عليه في استيعاب المعلومات والحقائق وفهمها

- مدى قدرته على التفكير والاستنتاج وإدراك العلاقات واستيعاب المفاهيم المرتبطة به.

- مدى قدرته على التعرف وحفظ المعلومات والحقائق دون تكرارها أو ترديدها.

- مدى احتفاظه بمعلومات ومفردات غير متوافرة لدى أقرانه ويقوم باستخدامها في المناسبات المختلفة.

- وهل يفضل قراءة الكتب التي تفوق مستوى عمره الزمني ويتردد باستمرار على المكتبة ؟

- هل يظهر قدرات عقلية متميزة عندما يتعامل مع العمليات التي تستدعي ذلك ؟

- هل يظهر اهتمامات عديدة لكل ما حوله  من أمور خاصة منها العلمية والعملية ؟

- هل يكترث من الأسئلة المختارة بعناية فائقة والتي تمثل تحدي عقلي له ؟

- هل يظهر سرعة بديهية في الإجابة عن الأسئلة الصعبة ويناقش ويستجيب برد فعل وزمن أقل من غيره؟

- هل يبدو واثقا بقدراته ومعلوماته ولا يتردد في بول التكليفات والمسؤوليات ؟.

- هل لا يستسلم بسهولة عندما تواجهه مشكلات أو صعوبات ويستخدم المعلومات والمهارات اللازمة لحلها ؟.
- هل يميل إلى المثابرة أو المنافسة ويستمر في النشاط حتى يكمله ؟.
- هل يميل إلى المواقف الجديدة المستحدثة ويفضل مواقف التنافس؟.
- هل يشعر بالسعادة عندما تعرض عليه مسائل حسابية لفظية أو نشاط عقلي حسابي ؟.
- هل يمكنه حل مسائل رياضية أو مشكلات ميكانيكية تكون أصعب بكثير من أن يتخطاها الطالب المتفوق بسهولة ؟ وهذه تكشف عن سمة المثابرة التي تدل على قدرته في الاستمرار في عمل معين رغم صعوبته والتي تفيد في استمرار التفوق.

## رعاية الموهوبين والمتفوقين في المدرسة

رعاية الطلاب المتفوقين والموهوبين من أهم الأعمال التي يقوم بها المرشد الطالبي في المدرسة، كما أنه يقدم خدماته للطلاب أصحاب المستويات المتدنية... وبما أن التفوق يتحدد بفعل عوامل كثيرة تمثل التفاعل بين مكونات الشخصية والظروف البيئية والاجتماعية المحيطة بالفرد.

لذا يجب أن لا يكون التخطيط للعمل الإرشادي بمعزل عن جميع الجوانب المؤثرة والمتفاعلة مع المتفوق، وعلى المرشد أن يراعي الجوانب التالية عند وضعه خطة لرعاية الطلاب الموهوبين والمتفوقين:

- **الجوانب البيئية الاجتماعية** : إن للأسرة دور كبير في دعم التفوق حيث إن المستوى الثقافي والاجتماعي للوالدين يساعد على تحقيق فرص النجاح والتفوق لأبنائهم، وذلك بالمشاركة الإيجابية الفعالة في تحديد مستويات من الطموح تتناسب مع قدرات الأبناء ومنحهم الاستقلال في اتخاذ قراراتهم نحو الدراسة المناسبة لهم، وتهيئة الجو الملائم للاستذكار وتوفير الإمكانات اللازمة والمشاركة الإيجابية في تذليل العقبات والصعوبات التي تعترض سبيل تفوقهم

وتقدمهم وتوفير الظروف الملائمة للنمو السوي للعلاقات والتفاعل الأسري، ولهذا على المرشد أن يدعم الصلة بين المدرسة وأسر المتفوقين.

- **الجوانب الذاتية:** وهي تتمثل في طاقات الفرد العقلية المتميزة، وسمات الشخصية كالقوى الدافعة التي تثير السلوك وتوجهه نحو وجهة معينة لتحقيق أهدافه وطموحاته واستغلال طاقاته والسمات الوجدانية التي تهيء المناخ النفسي المناسب لاستغلال الطاقات العقلية والاستفادة منها إلى أقصى طاقة ممكنة وتتمثل في الآتي:

أ ـ **مفهوم الذات الإيجابي:** ويكون دور المرشد في تدعيم الذات الإيجابية لدى الطالب الموهوب عن طريق توثيق العلاقة بين الطالب ومعلميه، وتوجيه المعلم إلى ضرورة دفع الطالب المتفوق والموهوب باستمرار لتحقيق أكبر قدر من الإنجاز في المجالات الدراسية التي تمثل نواحي القوة كالقدرات المتميزة لديه حتى يحقق الجانب الإيجابي للذات باستمرار، كما يعمل المرشد على اشباع حاجات الموهوب من التقبل والتقدير والاستقلالية وثقته بنفسه والفهم المتبادل بينه وبين أفراد أسرته.

ب ـ **التوافق الشخصي والاجتماعي :** للمرشد الطالبي دور هام في دعم التوافق الشخصي والاجتماعي لدى الطالب المتفوق والموهوب، حيث يبدو الطالب واثقا من نفسه ومن قدراته وفي مستوى كفايته الذاتية ويتوافر لديه مشاعر الأمن والاستقرار النفسي.

وقد يكون هناك فروقا بين الموهوبين في توافقهم الشخصي والاجتماعي وهذا يتطلب دراسة للطالب الموهوب لمعرفة مكونات شخصيته في تفاعلها النفسي والاجتماعي ووضع خطة إرشادية للتعامل معه على أساس السلبيات والإيجابيات في مكونات شخصيته وفي تفاعله الاجتماعي.

والموهوب والمتفوق يمتاز بشخصية ثابتة ومستقرة في توافقها النفسي

والاجتماعي ويتمتع بتقدير واحترام المعلمين وزملائه الطلاب ويشعر باستقلاله الذاتي، ومثل هذا الطالب بحاجة إلى رعاية خاصة تمكنه من تنمية طاقاته إلى أقصى مستوى ممكن.

وهذا يتطلب توفير خدمات متكاملة تتجه إلى تنمية شخصية الموهوب في كافة المجالات وذلك بتذليل الصعاب والمشكلات التي تعترض سبيل نموه السوي وتكفل له سيره المتوازن في دراسته. كما يساعده المرشد على تحقيق أهدافه القريبة والبعيدة بالتشجيع والمناقشة فيما تحقق منها وما لم يتحقق، ويدفعه إلى تحديد استراتيجية للوصول إلى تحقيق أهدافه.

ويمكن أن تكون النقاط التالية مناسبة لأسلوب التعامل مع الطالب الموهوب والمتفوق دراسيا في المجال التربوي:

- تزويده بنشاطات وخبرات تعليمية إضافية بهدف توسيع معلوماته، وتسمح بدرجة من التعمق في موضوعات الدروس العادية. وتتيح هذه الفرصة إلى المزيد من القراءة والاطلاع وإجراء التجارب وإعداد البحوث بحيث تكون متفقة مع استعداداته وقدراته وميوله ومستوى طموحه.

- منحه واجبات إضافية وذلك عن طريق جمع الطلاب المتفوقين والموهوبين في فصل دراسي واحد في فترة غير أوقات الدراسة العادية لإعطائهم برنامجا إضافيا يوميا أو في أيام العطلات، مع توفير الأجهزة والأدوات والوسائل التعليمية اللازمة إجراء التجارب والتطبيقات العملية وذلك على أيدي معلمين أكفاء مختارين لهذه المهمة لرعاية التفوق والنبوغ والموهبة والابتكار.

- عدم تقييده بالمرحلة الدراسية التي يمر بها على أساس أنه يتعلم أسرع من الطلاب العاديين. وينتقل حسب المعدل الذي يحصل عليه إلى مرحلة أو صف أعلى من الصف الذي يمر به الطلاب العاديون.

- تنظيم مسابقات في البحث العلمي وكتابة الشعر والقصص وتشجيعهم على الابتكار

والاختراع ويتم توفير الخامات والآلات والوسائل المعينة لهم على الإنتاج الفني والتقني ونشر إنتاجهم وأعمالهم في معارض خاصة تقام لهذا الغرض.

- وضع مناهج خاصة بالطلاب أصحاب القدرات الخاصة والمتفوقين والموهوبين والمبدعين، والتي تثير فيهم روح البحث العلمي وتنمي قدراتهم على التفكير والابتكار.

## المشكلات التي تواجه الموهوبين

يواجه الطالب الموهوب مشكلات وهي:

مشاعر اللامبالاة التي يبديها والده إزاء مخايل نجابته وعبقريته، وقد يثبط بعض الآباء العبقرية عند ابنه، كذلك الانشغال عن الطفل بمشاغل ومشاكل الحياة، ولا يعطي نفسه فرصة للتعرف على ابنه وحاله. وعند بعض الآباء نقيض اللامبالاة فنجد عندهم من يغالي في الاحتفاء بذكاء ابنه ويدفعه دفعا نحو ممارسة بعض المسائل العقلية مما يثقل كاهل الطفل ويفسد عليه نموه الطبيعي لأنهم لا يعرفون أن نمو الطفل الاجتماعي والعاطفي قد لا يكون على مستوى نموه العقلي، وفاتهم أن النمو المتكامل في الطفل الموهوب هو سبيله إلى الإبداع المنشود.

ومن المشكلات التي يواجهها الموهوب، مشكلات تكوين الصداقات مع الزملاء في الفصل، فالغالب أن زملاء الفصل عندما يعرفون هذا الطالب الذكي الموهوب وقدراته العقلية يعرضون عنه، فإما أن يفرض نفسه عليهم بشتى الطرق أو أن يعتزلهم إلى عالم الكتب والنشاطات العقلية الخاصة.

ومن أخطر المشكلات التي تواجه الموهوب، استهانة معلمه به ومعاملته له من غير اكتراث دون أن يحاول تحري ذكائه وإطلاق طاقاته العقلية، وهذا يسبب له خيبة أمل وانطواء.

مشكلات عند بعض الموهوبين نفسية وهو أنه يتصف أحيانا بالسلبية في

بعض المواقف الاجتماعية ويفضل الانطواء والعزلة ويبدو عليه الخجل والتردد والارتباك وذلك بسبب سوء التوافق النفسي والاجتماعي.

وعلى ضوء هذه المشكلات المهمة التي يواجهها الموهوبون نود أن نقول إن على الآباء الانتباه والتعرف على قدرات أبنائهم ومستوياتهم العقلية وكذلك معرفة أكبر قدر ممكن من مراحل النمو التي يمر بها الأطفال حتى يكون هناك توازن دون غلو أو عدم اهتمام.

وكما ينبغي أن تكون هناك فصول ومدارس خاصة بهؤلاء الأذكياء الموهوبين وهذا لا يتأتى إلا بتطبيق اختبارات الذكاء والقدرات العقلية ومن ثم تصنيف وتوزيع الطلاب في فصولهم كما يمكن أن نقول إن معلم الطلاب الموهوبين يجب أن يكون من المعلمين الموهوبين الأذكياء الذي يستطيع أن يفهم الموهوب ويتعامل معه بالشكل المطلوب فكم من طالب ذكي موهوب راح ضحية جهل معلمه.

كما أن معرفتنا بالصفات المزاجية تساعد على تهيئة الجو المناسب لاستغلال الطاقات العقلية والاستفادة منها .

وتقسم الأمزجة إلى نوعين متضادين كصاحب العقل المتزن وغير المتزن والمندفع والمتأني والمنبسط والمنطوي، ويعد هذا التقسيم ضروريا وذا فائدة حيث يمكن أن نحدد مقدار كل شخص تبعا لمركزه الذي يحتله بين كل بعدين منها، فمثلا قد نجد في كل فصل دراسي بعض الطلاب الذين يتصفون بالانطواء والبعض بالانبساط، ويتصف الشخص المنبسط بأنه مرح.

ويتحدث كثيرا عن نفسه ويعبر عن انفعالاته بعنف، ولا يتحمل الإهانة ويتصف بالعناد وكثرة الغضب، كما يتوقع منه الاستحسان ويرفض الانقياد، بينما يظل الشخص المنطوي هادئا قابعا على نفسه بعيدا عن العنف ويحاول المحافظة على استقلاليته ويتجنب مواقف الإحباط أو الانقياد ويبدو أن التطرف في

الانبساط والانطواء غير صالحين اجتماعيا.

## دور الإرشاد الطالبي تجاه الموهوبين

- أنواع الإرشاد الذي يمكن استخدامه مع المتفوقين والموهوبين :

إرشاد المتفوقين والموهوبين مثله مثل إرشاد بقية الفئات بحيث يمكن استخدام طرق الإرشاد مجتمعة أو منفردة أو استخدام طرق الإرشاد الخياري، ويرجع ذلك إلى نوع المشكلة التي يعاني منها الموهوب وأسبابها، وأنجح الطرق في علاجها.. ولعل أهم الطرق الإرشادية التي يمكن استخدامها ما يلي :

**الإرشاد الفردي**: وهو إرشاد فرد لفرد وجها لوجه وبشكل مباشر ويمكن استخدامه في إرشاد الفئات الخاصة وأصحاب المشكلات ذات الطبيعة الخاصة مثل: المشكلات الجنسية والجنوح.

**الإرشاد الجماعي**: وهو إرشاد مجموعة من الأفراد الذين تتشابه مشكلاتهم مع بعضهم في مجموعة واحدة أو أكثر. ويمكن استخدامه في الإرشاد التربوي والإرشاد المهني وحالات الانطواء والخجل والشعور بالنقص، ومن أساليبه السيكودراما، والسوسيودراما، والندوات، والمحاضرات، والمناقشات الجماعية.

الإرشاد المباشر : ويعتبر أسلوبا لحل المشكلات، يقوم فيها المرشد بدور المعلم والموجه، والمسترشد بدور المتلقي.

**الإرشاد غير المباشر**: وهو إرشاد يهدف من ورائه المرشد إلى مساعدة المسترشد على النمو السليم، وإحداث التطابق بين مفهوم الذات الواقعي، ومفهوم الذات المثالي لديه.

**الإرشاد الديني** : وهو إرشاد يكون الهدف من ورائه تحقيق التوافق والصحة

النفسية للفرد . ويمكن استخدامه مع المشكلات النفسية المرتبطة بمفهوم الوجود والموت والحياة، والاضطرابات الانفعالية، والخوف، والمشكلات الجنسية.

**الإرشاد السلوكي:** وهو إرشاد علاجي يعتمد على أسلوب التعلم وإعادة التعليم، وتعديل السلوك. ويستخدم في ذلك بعض الأساليب ومنها :

أ ـ التحصين التدريجي.

ب ـ التعزيز الموجب.

جـ ـ التعزيز السالب.

د ـ الإطفاء.

هـ ـ الممارسة السالبة.

والجدير بالذكر أن هذا النوع من الإرشاد يحتاج إلى مزيد من التدريب والممارسة والإتقان.

7- **الإرشاد المختصر :** وهو إرشاد يكون الهدف منه حصول الفرد على أكبر فائدة إرشادية في أقل وقت ممكن، ويستخدم فيه بعض الأساليب التي من شأنها إحداث الإقناع والتغير في شخصية المسترشد، ومنها :

أ ـ التنفيس الانفعالي.

ب ـ الشرح والتفسير.

جـ ـ الإقناع المنطقي.

والجدير ذكره هنا أن الإرشاد المختصر هو من أنجح الطرق والأساليب في وقتنا الحاضر الذي يتميز بالسرعة وكثرة الأعباء والأعمال لدى الأفراد الذين لا يجدون معه الوقت الكافي لقضاء وقت طويل في طلب الإرشاد عن طريق الأساليب الأخرى.

8- **الإرشاد الخياري :** وهو أسلوب توفيقي يجمع بين طرق الإرشاد المختلفة

بحيث يأخذ منها ما يناسب ظروف المرشد والمسترشد، والمشكلة والعملية الإرشادية بصفة عامة.

**وينقسم الإرشاد الخياري إلى قسمين وهما :**

أ ـ الاختيار بين الطرق، وهو أسلوب يعتمد على اختيار أسلوب أو أكثر من أساليب الإرشاد الأخرى بناء على نوع المشكلة وظروف وإمكانيات المرشد والمسترشد.

ب ـ هو الجمع بين الطرق، وفيه يقوم المرشد بالجمع بين عدد من الطرق ويختار من كل طريقة أفضل ما فيها.

**مجالات إرشاد الموهوبين والمتفوقين**

1ـ **الإرشاد النفسي:** ويهدف إلى تبصير المسترشد بأسباب مشكلته ومساعدته على اتخاذ قراراته وتعديل سلوكه. ويهتم بمعالجة المشكلات النفسية التي تعوق توافقه وتمنعه من تحقيق الصحة النفسية.

2ـ **الإرشاد التربوي :** ويعني بمساعدة الفرد في رسم الخطط التربوية التي تتناسب مع قدراته وميوله وتحقق توافقه التربوي، ويساعده على تحقيق الاستمرار في الدراسة وتحقيق النجاح فيها.

3ـ **الإرشاد الأسري :** ويعني مساعدة أفراد الأسرة على تحقيق الاستقرار والتوافق الأسري وحل المشكلات الأسرية، ويهدف إلى نشر الوعي حول أسباب الحياة الأسرية السليمة وأصول عملية تنشئة الأبناء ووسائل تربيتهم ورعاية نموهم والمساعدة في حل مشكلاتهم.

4ـ **الإرشاد المهني :** ويعني مساعدة الفرد في اختيار مهنته بما يتناسب مع قدراته وميوله وظروفه الاجتماعية، وحاجة المجتمع. ويهدف بصفة عامة إلى وضع الشخص المناسب في المكان المناسب بما يحقق التوافق المهني ويعود على الفرد

والمجتمع بالخير.

**دور الإرشاد النفسي في تنمية التفوق العقلي والابتكار**

الإبداع والتفوق العقلي صفة يمكن رعايتها وتنميتها لتصل إلى الحد الأعلى لها وذلك إذا ما توافرت لها البيئة المناسبة وفرص التنمية والتدريب.

ومن أجل هذا قدمت البرامج وطورت الأساليب التي تهتم بتنميتها، ومن بين هذه البرامج، برنامج الإرشاد النفسي الذي يلعب دورا أساسيا في الكشف عن استعدادات وقدرات الأطفال المتفوقين والعمل على تنميتها، وفهم مشكلاتهم والعمل على حلها، وتهيئة الظروف البيئية المناسبة التي تمكنهم من تحقيق التوافق الشخصي والمدرسي والاجتماعي.

هذا ومع أن الخدمات التي يقدمها الإرشاد النفسي في رعاية المتفوقين والموهوبين والمبدعين كثيرة ومتعددة وتحتاج إلى صفحات كثيرة إلا أن ذلك يمكن إيجازه في النقاط الآتية :

• الكشف عن قدراتهم واهتماماتهم وميولهم ورغباتهم، حتى يتسنى تقديم الدعم والتوجيه المناسب لقدراتهم وميولهم، وحتى يقدم لهم القدر الكافي من المعلومات والمهارات سواء في التحصيل الدراسي أو الأنشطة التي تتناسب مع قدراتهم وإمكانياتهم العقلية العالية.

• نشر الوعي بين أفراد المجتمع بأهمية الموهبة والحاجة إلى رعايتها من خلال اكتشاف الأطفال الموهوبين والمتفوقين ورعايتهم، تعليميا وتربويا ونفسيا.

• توعية الآباء والأمهات والمعلمين بخصائص وسمات المتفوقين والموهوبين، وكيفية التعامل معهم من خلال العلاقات الطيبة التي يظهر فيها الدفء والحنان والرعاية والاهتمام والتقدير والاحترام.

• المساعدة في وضع وتخطيط البرامج التعليمية والتربوية والإرشادية التي من شأنها إشباع حاجات ورغبات الطالب الموهوب وتحقيق التوافق النفسي والأسري

والاجتماعي.

- مساعدة المتفوق والموهوب على تقبل ذاته والتعايش مع مجتمعه بسلام.
- تقدير الطالب الموهوب وتشجيعه وتثمين كل ما يقوم به وتوعية المجتمع التربوي، والمجتمع بشكل عام بأهمية تعزيز تفوقه ونجاحه وتذليل الصعوبات من أجل مزيد من التفوق والابتكار.
- مساعدة الموهوب في حل مشكلاته المدرسية ومشكلاته الاجتماعية والمشكلات الاقتصادية والمشكلات الأسرية.
- معالجة ما قد ينتج من آثار سلبية ناتجة عن تطبيق بعض استراتيجيات تعليم وتعلم المتفوقين والموهوبين، مثل استراتيجية الإسراع التي تتضمن نقل الطالب من مرحلة إلى مرحلة أخرى أعلى منها نتيجة لتفوقه وتميزه في القدرات العقلية، وهذا بطبيعة الحال يكون على حساب النواحي الاجتماعية والنفسية، ومدى تقبل الآخرين له.
- مساعدة الموهوب في اختيار المهنة المناسبة له بما يحقق له النجاح في جوانب شخصيته العقلية والنفسية والجسمية.
- معالجة الاضطرابات التي يعاني منها الموهوب ووضع الحلول المناسبة والعمل على جعل الوسط الاجتماعي أكثر استقرارا وتفهما ومساعدا وداعما لاستمرار نمو الموهبة والإبداع. كما حدد تورانس دور الإرشاد في حماية الموهوب في توفير نوع من الحماية والأمان للموهوب والمبدع.

**دور المدرسة في الكشف عن الموهوبين :**

هناك بالطبع طرق وأساليب للكشف عن الموهوبين نذكر منها :

**أولاً : الطرق الموضوعية :**

وهي مقاييس موضوعية مقنعة تمتاز بدرجة عالية من الصدق والثبات. بمعنى آخر هي الاختبارات التي جربت قبل استخدامها النهائي لعدد من العينات

أو المجموعات تحت ظروف مقننة واشتقت له معايير أو محكات .

ومن أهم هذه الاختبارات المستخدمة في التقييم الموضوعي :

1- **اختبارات الذكاء** : وهي اختبارات تقيس قدرة الفرد العقلية على اكتساب الحقائق وتنظيمها واستخدامها .

ويمكن تصنيف اختبارات الذكاء إلى طرق عديدة منها :

**أولا ـ اختبارات الذكاء الفردية** : وهي فعلاً أحسن طريقة، إلا أنها تتطلب وقتاً طويلاً لتطبيقها .

ومن الاختبارات الفردية يمكن إبراز نمطين هما :

- **الاختبارات الأدائية** : وهي اختبارات عملية لا تستخدم فيها اللغة .

- **اختبارات شبه أدائية** : وهي اختبارات لقياس ذكاء الكبار وتتكون من قسمين أحدهما لغوي والثاني أدائي .

**ثانيا ـ اختبارات الذكاء الجمعية**: وهي مفيدة في إعطاء فكرة عامة عن الأطفال ولكنها قد لا تكشف عن الأطفال الذين يعانون صعوبات في القراءة أو من اضطرابات نفسية .

**ومن هذه الاختبارات :**

**اختبار ألفا** : وهو اختبار ذكاء جماعي لغوي أعد للمتعلمين .

**اختبار بيتا** : وهو اختبار ذكاء جماعي أدائي ( غير لغوي ) صمم لقياس ذكاء الأميين .

**ثالثا ـ اختبارات القدرات الخاصة ( الاستعدادات )** : وهي اختبارات تبين ذكاء الأطفال الموهوبين ذوي القدرات الخاصة وتطبق اختبارات الاستعدادات في التعرف على الأطفال الموهوبين البارزين في الميادين الخاصة .

**ومن أهم اختبارات القدرات الخاصة :**

1- **اختبارات القدرات اليدوية** : ويقصد بها القدرة على النجاح في النشاطات التي تتطلب السرعة والدقة في استغلال حركات اليدين والذراعين والتنسيق بينها .

2- **اختبارات المهارات الميكانيكية** : وهي تلك القدرات التي يحتاجها الفرد في ميدان استخدام وصيانة الآلات وإصلاحها .

3- **اختبارات القدرات الكتابية :** وهي ضرورة للنجاح في الأعمال الكتابية كالوظائف في المؤسسات والدوائر الحكومية وهي تحتاج إلى السرعة والدقة سواء في الكتابة أو ترتيب الأوراق أو الملفات أو في العمليات الحسابية .

4- **الاختبارات الفنية لماير** : وضعها نورمان ماير وتعرف أيضاً باختبارات تذوق الفن وهي اختبارات لمن هم في المرحلة الإعدادية والثانوية للكبار أيضاً وتقيس هذه الاختبارات التقدير الفني الذي يعتبره المؤلف أحد العوامل الأكثر أهمية في الكفاءة.

## الموهوب في مرحلة الطفولة المبكرة وجهود الأسرة في رعايته:

**- الطفولة المبكرة:**

تبدأ هذه المرحلة علميا منذ بدء سن الثالثة حتى نهاية السنة السادسة، وتعرف أيضا باسم (مرحلة الحضانة) ففي هذه المرحلة يتم لدى الطفل الاتزان العضوي والفسيولوجي والتحكم في الإخراج، كذلك تكتمل لدى الطفل قدرات جسمية جديدة كالمشي، وقدرات عقلية كالكلام والإدراك الحسي، كل هذه القدرات تبعث في الطفل قوة جديدة .. فبالمشي والحركة يرتاد الأماكن ويتنقل فيها ويتعرف عليها فتنمو لديه قدراته الحركية وحبه للمعرفة، وبالكلام يعبر عن رغباته ويسأل عن الأشياء التي يريد أن يستفسر عنها، وتنمو معها قدراته اللفظية.

**علامات ومؤشرات للموهبة في الطفولة المبكرة:**

تنبه غير عادي منذ مرحلة المهد، مدة الانتباه أطول، مستوى نشاط عال، يتعرف على الأم والمخالطين له في عمر مبكر، استجابة فائقة للمثيرات سواء ضوضاء أو للألم أو للإحباط، تقدم سريع بين مراحل النمو المعروفة، ذاكرة غير عادية، التعلم بسرعة وبشوق، نمو لغوي مبكر ومتنام، الولع بالكتب ( مصادر المعرفة ) حب الاستطلاع والسلوك والاستكشاف والاستدلال التجريدي، ومهارات حل المشكلات، تصورات حية (في التفكير في اللعب...إلخ) الحساسية، الحنان، العطف.

**جهود الأسرة في الكشف عن الموهوبين:**

إن للأسرة جهدا رئيسيا وحيويا في صياغة شخصية الطفل وتشكيلها في مراحل النمو بعامة، وفي مرحلة الطفولة المبكرة بخاصة.. إذ تتكون في هذه المرحلة ملامح الشخصية ومعالمها. وتسهم الأسرة بشكل فعال في اكتشاف أطفالها وتقويمهم حيث يتاح للأسرة فرصة ملاحظة أطفالها ومتابعتهم لمدة طويلة. وإن الآباء والأمهات وبشيء قليل من الوعي والفهم، وبقدر مناسب من الموضوعية وعدم التحيز، وبملاحظات دقيقة ومقصودة لجوانب النمو الشامل عند أطفالهم يستطيعون تقدير مستوى ذكاء طفلهم بشكل عام، وربما استطاعوا أن يكتشفوا فيه دلالات التفوق والموهبة، والحقيقة ولكي تستطيع الأسرة أن تقرر ما إذا كانت للطفل مواهب مميزة وهو في مرحلة الطفولة المبكرة .

ولا بد أن تجري مقارنة بين صفات طفلها والصفات التي يتميز بها معظم الأطفال الموهوبين التي من أبرزها ما يلي :

- يتميز الطفل الموهوب على أترابه في سرعة المشي والكلام، ويستخدم حصيلته اللغوية الوفيرة بسهولة ويسر ودقة حتى وإن تأخر في الكلام، فما أن يبدأ بالكلام

حتى يظهر قدرة متطورة فيه.

- يظهر قدرة على الابتكار وسعة في الخيال حين تواجهه المواقف المختلفة.

- كثير الأسئلة ويسعى إلى المزيد من المعرفة عن أشياء مختلفة.

- يحب التعلم ويرغب في القراءة ويطلب المساعدة على تعلم القراءة قبل عمر السادسة.

- يظهر قدرة واضحة على التركيز والانتباه.

ومن خصائص الأطفال الموهوبين والمتفوقين في مرحلة ما قبل المدرسة الآتي :

- القدرة على التعلم بسرعة وسهولة في سن مبكرة، فقد يتعلم بعض الأطفال المتفوقين القراءة تلقائيا بأقل توجيه من معلميه وذويه.

- القدرة على إدراك العلاقات المسببة وفهم المعاني والتلميحات ويدرك السبب والنتيجة.

- القدرة على استبقاء ما يكتسبونه من أنشطة التعلم المختلفة.

- امتلاك مفردات لغوية كثيرة في سن مبكرة ويحسنون استخدامها.

- القدرة على استخدام الحصيلة اللغوية في تكوين جمل تامة بدقة شديدة.

- القدرة على طرح العديد من الأسئلة عن موضوعات متنوعة.

- الدقة في الملاحظة والاستجابة السريعة لما يلاحظونه من أشياء وعلاقات .

## أساليب التنشئة الأسرية:

تبين العديد من الدراسات أن أساليب التنشئة الأسرية لها أثر كبير في تنمية الموهبة والإبداع لدى الأطفال، حيث وجدت إحدى الدراسات أن أهم عوامل

البيئة الأسرية المشجعة للإنجاز العالي هي توافر الحرية والتشجيع المستمر الذي يستخدمه الآباء مع أبنائهم وتضاؤل العقاب.

وتشير معظم الدراسات العربية والأجنبية في هذا المجال إلى أهمية توافر العناصر الآتية في البيئة الأسرية الميسرة لإبداع أحد الأبعاد الأساسية للموهبة:

- ممارسة الأساليب الأسرية السوية في تنشئة الأبناء، أي البعد عن التسلط أو القسوة، والتذبذب في المعاملة، والمفاضلة بين الأبناء، والتدليل الزائد، والحماية المفرطة، وغيرها من الأساليب غير السوية.

- تشجيع الاختلاف البنّاء.

- تقبل أوجه القصور.

- وجود هوايات لدى الأبناء.

- توافر جو من القبول والأمان وعدم الإكراه.

- إتاحة الفرصة للاستقلالية والاعتماد على النفس.

- الاتجاه الديموقراطي والإيجابي نحو الأبناء.

- الانفتاح على الخبرات.

- تعويد الطفل على التعامل مع الفشل والإحباط.

## صفات المبدع

### أ- صفات ذهنية :

1- يمتلك قدرة عالية على التفكير الإبداعي ويحب التجديد.

2- يمتلك ذاكرة قوية في بعض الأمور، وقاد ر على الإلمام بالتفاصيل.

3- مثقف ولديه معرفة واسعة.

4- يحتاج إلى فترات تفكير طويلة.

5- يفضل التعامل مع الأشياء المعقدة والمتنوعة والتي تحمل أكثر من تفسير .

6- يعتمد على الملاحظة الشديدة لكل المسارات والأساليب للموضوع الذي يهمه.

7- لديه قدرة عالية على تلخيص الآراء.

8- يحب البحث والتفكير والتأمل الذهني.

9- يركز على النقد البناء.

10- دائم التساؤل.

11- يقترح أفكارا قد يعتبرها الغير غير مقبولة.

12- يتمتع بالاستقلالية في التفكير والرأي.

13- يفكر بشكل أفضل في فترات الهدوء والفراغ.

14- بطيء في تحليل المعلومات سريع في الوصول إلى الحل.

### ب- صفات نفسية :

1- قادر على التكيف بسرعة مع المتغيرات.

2- يحب التميز بعمله ولا يحب التقليد.

3- متفائل بطبيعته.

4- يعتمد كثيرا على أحاسيسه ومشاعره.

5- لا ينهزم ولا يهرب من المشكلة بسرعة.

6- يهتم ويتحمس لأفكاره ومشروعاته الشخصية ويثبت وراءها حتى ينتهي من تنفيذها.

7- الثقة في النفس، والشعور بالقدرة على تنفيذ ما يريد.

8- قوة الإرادة.

9- عنيد لا يتخلى عن رأيه بسهولة.

10- يتميز بطموح عالي جدا.

11- لديه شعور بأن عنده مساهمات خاصة.

12- له قدرة كبيرة على تحمل المسؤولية.

## ج- صفات عملية :

1- لا يحبذ القيام بأعمال روتينية.

2- يفضل القيام بالأعمال التي تنطوي على التحدي.

3- يميل إلى المغامرة ويحب التجريب.

4- يثابر على عمله ويتابع أفكاره بجدية بالرغم من معارضة الآخرين.

5- يسعى دائما إلى تحسين عمله.

6- لا يهتم كثيرا بالرسميات التنظيمية ويكره العمل في مواقف تحكمها قواعد وتنظيمات صارمة.

7- أوراقه فيها فوضى وعدم ترتيب.

8- يحب السفر والتجوال.

9- لا يحب هواية جمع الأشياء (طوابع، نقود ...).

10- من المهم أن يتناسب عمله مع رغبته وليس العكس.

11- يؤدي التكاليف في الوقت والكيفية التي تناسبه.

## د ـ صفات إنسانية :

1- حساس ولديه روح الدعابة والفكاهة.

2- مهذب ولكنه صريح ومستقل ولا يحبذ السلطة أو التسلط.

3- قادر على مقاومة ضغوط الجماعة.

4- يفضل العمل في بيئة تنطوي على عناصر دعم و تحفيز .

5- يحب الثناء والمدح.

6- شجاع ومقدام.

7- يشعر بقدر من الغبطة والسرور عندما يمارس العمل الذي يبدع فيه .

8- يستمتع بالجمال.

9- صبور.

## طفلك الموهوب ليس قنبلة موقوتة

ما خطّ قلم على ورقة، ولا ضربت ريشة على لوحة ؛ فجعلت من صاحبها مبدعا إلا ومن ورائه أب أو أم يدعمونه، فجروا تلك الطاقة الكامنة في نفسه منذ الصغر .. فالموهبة كالنبتة أو البرعم الصغير الذي يجب تناوله بالرعاية والسقاية وإلا هلكت !!

فلقد أثبتت الدراسات الحديثة أن نسبة المبدعين من الأطفال من سن الولادة حتى سن الخامسة تصل إلى 90 بالمائة منهم، وعندما ما يصل هؤلاء الأطفال إلى سن السابعة تقل تلك النسبة لتصل إلى 10 بالمائة، وما أن يصلوا إلى الثامنة حتى تحط الموهبة رحالها على 02. بالمائة منهم فقط .

وهذا دليل واضح على أن مدى نجاح أنظمة التربية والتعليم لدينا، والأعراف الاجتماعية، والعادات الأسرية في طمس معالم الموهبة لدى أطفالنا، وإجهاض أحلامهم وآمالهم على صخور واقع مجتمع لا يعرف كيف يتعامل مع نخبته القادمة، فهو لا يعرفهم إلا متمردين على نظمه وعاداته، ويجب أن يخضعوا ولو بالقوة .. ونسي ذلك المجتمع أو تناسى أنه على يد أمثال هؤلاء قامت حضارات ؛ وبضياعهم هدمت أخرى .

ومما لاشك فيه أن أي أب أو أم يحب لأبنائه التميز والإبداع .. ولكن [ المحبة شيء، والإرادة شيء آخر ]، فلكي نمهد لأطفالنا سبل الرعاية ونحثهم على بذل الجهد والتقدم نحو الأفضل، يجب علينا التعرف على طاقتهم ودراستها محاولة لفهمها وتوجيهها .

ومن خلال نقاط البحث التالية سنحاول توضيح عدد من النقاط المهمة حول الموهوبين ...

### أولاً : ما الموهبة ؟

الموهبة تعني " قدرة استثنائية أو استعدادًا فطريًا غير عادي لدى الفرد، وقد تكون تلك القدرة موروثة أو مكتسبة سواء أكانت قدرة عقلية أم قدرة بدنية".

### ثانيًا : كيف أكتشف أن ابني موهوب؟

تعتبر الأسرة المحضن الأول والرئيسي للطفل في بداية سني حياته، إذ يقع على عاتق الأسرة مسئولية اكتشاف ورعاية وتنمية مواهب أبنائها .. ولكن في معظم الأحوال تعجز الأسرة عن القيام بواجبها هذا بسبب إما نقص عوامل الخبرة وقلة التدريب، أو عدم توافر معلومات كافية حول مواهب الأبناء وطرق التعامل معها .

أما عن طرق الكشف عن الموهوبين ؛ فهي متعددة منها ما هو أكاديمي عن طريق محكات واختبارات علمية مقننة، ومنها ما هو عام ولكنه يستند إلى نظريات ودراسات علمية .. وهذا ما سيستخدمه الوالدان للتعرف على مواهب أبنائهم . فالدراسات الحديثة أجمعت على الرغم من اختلاف نتائجها النهائية ؛ على أنه يوجد خصائص عامة وسمات للموهوبين يمكن من خلالها التعرف عليهم وتمييزهم عن العاديين .. ويمكن تقسيم تلك الخصائص إلى ثلاث مجموعات رئيسية من الخصائص، وهي كالتالي :

**أ- خصائص جسمية :**

إن مستوى النمو الجسمي والصحة العامة للموهوبين يفوق المستوى العادي، فالموهوبون يستطيعون بشكل عام المشي والتكلم في سن أبكر مما هو عند العاديين والموهوب يميل إلى أن يكون:

- أقوى جسمًا، وصحة، ويتغذى جيدًا .
- متقدماً قليلاً عن أقرانه في نمو العظام .
- نضجه الجسمي يتم مبكرا – بالنسبة لسنه .

**ب- خصائص عقلية ومعرفية :**

أهم ما يميز الطفل الموهوب عن غيره من الأطفال العاديين يكمن في خصائصه وقدراته العقلية .. فالطفل الموهوب أسرع في نموه العقلي عن غيره من الأطفال العاديين، وعمره العقلي أكبر من عمره الزمني .... ويمكن إجمال أهم سمات الموهوبين العقلية في النقاط التالية :

- قوي الذاكرة، ومحب للاستطلاع .
- يقظ ؛ ولديه قدرة فائقة على الملاحظة .

- سريع الاستجابة .
- لديه قدرة عالية على إدراك العلاقات السببية في سن مبكر .
- يميل إلى ألعاب الحل والتركيب ؛ واختراع وسائل لعب جديدة لألعاب قديمة ومعروفة لديه .
- لديه قدرة فائقة على الاستدلال والتعميم وفهم المعاني والتفكير بمنطقية .
- السن المبكر في تعلم القراءة .
- ميلهم غير العادي للقراءة .
- حصيلة لغوية كبيرة، وتزداد قدرته على استخدام الجمل التامة في سن مبكرة للتعبير عن أفكاره ومشاعره.

**جـ - خصائص نفسية واجتماعية :**

أكدت الكثير من الدراسات على أن الطفل الموهوب أكثر حساسية ؛

ورغم ذلك فإنه أكثر شعبية من الطفل العادي، ولديه قدرة أكبر على تكوين علاقات اجتماعية مع غيرهم، وهم أيضًا يفوقون العاديين في تكيفهم مع البيئة ... وبمقارنة الطفل الموهوب بغيره من العاديين نجد أنه يميل لأن يتميز بالخصائص التالية :

- له صفات شخصية سامية ( أكثر دماثة، مطيع - مع استقلالية -، مطيع، اكثر انسجامًا مع الآخرين).
- يتميز بقدرة عالية على نقد الذات .
- يميل لاتخاذ دور القائد في الجماعة ( قيادي ).
- يفضل الألعاب ذات القواعد والقوانين المعقدة والتي تتطلب مستوى عال من التفكير.

- يميل إلى تكوين علاقات صداقة مع أقران أكبر منه سنًا سنتين أو ثلاث على أكثر - لأنهم يتساوون معهم في العمر العقلي .

ليست كل تلك الخصائص والسمات إلا علامات يرسلها الـلـه - عز وجل - إلى كل أب وأم، قائلاً لهما من خلالها أنكم مؤتمنون على تلك الوديعة، وستسألون عنها .. فإلى كل أب وأم يقرأ (هيا نكتشف طرق تنمية أمانتك).

**ثالثًا : مشكلات الموهوبين داخل أسرهم**

يمكن إجمال أهم تلك المشكلات في النقاط التالية :

- التفرقة في معاملة الأولاد مما يؤدي إلى الكراهية الشديدة بينهم، والشعور بالإحباط وعدم وجود حالة من الهدوء والأمن النفسي، والخوف من فقدان حب الوالدين .. وهذا يعتبر معوقاً خطيرا يقف أمام إظهار الطفل الموهوب لطاقته وقدراته الكامنة .
- عدم فهم الوالدين لطبيعة الطفل الموهوب، فالطفل الذكي يتذمر من القيود والقوانين والأوامر الصارمة ويعتبرها عائقًا تحول دون انطلاقه .. لهذا يجب توفير قدر من المرونة والحرية في تحركات الطفل وأفعاله لكي يستطيع التنفيس عن انفعالاته وأفكاره .

الطفل الموهوب ذو قدرات عالية، وقد يقوم بالتخريب لا حبًا في التخريب وإنما لأن طبيعته تحب الاستطلاع والتجريب .. لذلك يجب إبعاد المثيرات المؤذية عنه، مع إيجاد بديل ليمارس نشاطه ويجري تجاربه في مكان مخصص للعبه ومكتشفاته ..... على سبيل المثال يريد طفلك استكشاف [ المطبخ ] وما يحتويه من أشياء والأم لا تريد منه ذلك حتى لا يؤذي نفسه ويتعرض للخطر، لذا نقول للأم تدخل معه المطبخ وتعرفه على الأشياء ومسمياتها ووظيفتها - بطريقة مبسطة-، فتقول مثلاً : هذا سكر، وهذا ملح .. وليذقهما، وإذا أراد الطفل اللعب بالسكين ونحوه تحضر له الأم سكينًا بلاستيكيًا وتجعله يقطع بعض الخضراوات ويأكلها !! أما ماذا سيحدث إذا منعت الأم الطفل من دخول المطبخ؛

سيزيد هذا المنع الطفل إصرارًا وعنادًا على الدخول، وقد يتعرض ساعتها للأذى وهو بعيد عن نظر أمه ..

يجب على الوالدين الأخذ في الاعتبار أن الموهوبين يتصفون بشدة الحساسية، فقد تؤثر فيهم كلمة بسيطة فيفعلون الأفاعيل، أو كلمة لوم بسيطة ولكن قاسية ؛ تقعدهم وتفتر من عزيمتهم .

إذا فالطفل الموهوب + تلك المشكلات = قنبلة موقوتة على شفا الانفجار ؛ ويجب نزع فتيلها .

وهذا واجب على أفراد الأسرة كلهم لا الأب والأم فقط .. فاحتواء الموهوب انفعاليًا وفكريًا مع إتاحة الفرصة له لتنمية نفسه حسب قدراته، يساعده على فهم قدراته وتوجيهها لحل مشكلات الحياة التي ستقابله في المستقبل.

**رابعًا : رعاية الموهوب**

**الإسلام والموهبة:**

نظر الإسلام للموهبة على أنها عطية ونعمة من الله يجب على المسلم أن يؤدي شكرها ؛ ومن هنا ظهرت كفاءات ومواهب سامقة في تاريخ أمتنا المجيد، أنارت فاهتدت وهدت . وإذا دققنا النظر في تاريخ الأمم والحضارات لم نجد أمة ظهرت فيها كل تلك المواهب والقمم مثل أمة الإسلام .

فلقد وجد الموهوبون في ظل دولة الإسلام أرضًا خصبة لنمو إبداعهم، وقد كان الرسول صلى الله عليه وسلم أصفى الناس بصيرة، فاستخرج مكنونات وذخائر أصحابه - رضي الله عنهم -، كلاً على قدر طاقاته واستعداده وميوله .

فلولا تربية الرسول صلى الله عليه وسلم تلك ما ظهر صدق الصديق، ولا عدل الفاروق، ولا حياء عثمان، ولا شجاعة علي، ولا حكمة أبي الدرداء، ولا دهاء عمرو بن العاص - رضي الله عنهم أجمعين -، وما كان ليظهر هذا الجيل

المتفرد إلا برعاية تفجر الطاقات وتعلو بالهمم .

فهاهو الرسول صلى الـلـه عليه وسلم يرعى موهبة الأطفال، ويحملهم المسؤوليات الثقال التي ينوء بحملها مئة رجل من رجال اليوم – كل حسب طاقاته - . فعلي رضي الـلـه عنه ينام في فراشه صلى الـلـه عليه وسلم ليلة الهجرة، ويولي أسامة بن زيد رضي الـلـه عنه جيشًا فيه أبو بكر وعمر وعثمان جنودًا، ويثق في قوة حفظ زيد بن ثابت رضي الـلـه عنه فيأمره بتعلم العبرانية والسريانية فيتعلمهما في أقل من 17 يوم .

أما عن الموهوبات فلقد ذخر الإسلام بهن .. فهاهي " حفصة بنت سيرين " تحفظ كتاب الـلـه وهي ابنة اثنتي عشرة سنة وتفهمه تفسيرًا، وكان ابن سيرين إذا أشكل عليه شئ من القرآن يقول : اذهبوا فاسألوا حفصة كيف تقرأ؟ !

وكان المجتمع الإسلامي يهيئ فرصا متكافئة لكافة طوائف المجتمع وطبقته ؛ فلا فرق بين مولى وسيد، فشمل الإسلام بعدله جميع الناس وارتفع بمكانة الإنسان، وأفاد من جميع الطاقات والملكات .. فانظر إلى مكانة " نافع مولى ابن عمر " رضي الـلـه عنه والذي قال عنه البخاري : أصح الأسانيد .. مالك عن نافع عن ابن عمر [ سلسلة الذهب ] .... وانظر إلى منزلة " عكرمة مولى ابن عباس " رضي الـلـه عنه الذي اعتقه وأذن له بالفتيا بعد أن انتهى إليه علم التفسير عنه، وأخذ من علمه سبعون أو يزيدون من أجلاء فقهاء التابعين .

ومن واقع نظرة الإسلام ؛ والواقع الذي تجسدت فيه النظريات التربوية الحديثة، وجب على الوالدين الاهتمام بالموهوبين، حتى ترجع لحضارتنا وأمتنا رونقها وبهاؤها الذي تاه وذاب وسط حضارات الآخرين .

**لمحات تربوية في رعاية الموهوبين :**

ويمكن إجمالها في النقاط التالية :

**1- التركيز :**

قد يظهر عند الطفل الموهوب أكثر من موهبة، لذا يجب على الوالدين التركيز على الموهبة الأهم والأولى، وما يميل إليه الطفل أكثر لتفعيله وتنشيطه .

**2- اللحظات الغالية :**

اجعل لطفلك لحظات ينفرد فيها بنفسه ليبدع ويكتشف، واختر لذلك مكانًا هادئًا بعيدًا عن باقي أفراد الأسرة .. أما عن التلفاز فهو من الأشياء التي يصعب معها توفير مثل تلك اللحظات الغالية، فهو عامل جذب خطير للانتباه ؛ ولحل تلك المعضلة يجب تحديد الأوقات والبرامج التي يشاهدها الطفل وعدم السماح بغيرها .

**3- قاتل المواهب :**

الموهبة ليس لها مكان أو وجود معه ؛ فهما لا يعيشان في جسد واحد، فإذا سكن أحدهما الجسد هرب الآخر .. إنه [ الخوف] العدو اللدود للموهبة والإبداع . فكيف لطفل يستهزئ والده منه، ويسفه من آرائه، ويحط من قدراته ؛ أن يبدع ويطور من إمكاناته . لذا يجب على الوالدين إشعار الطفل بالأمان عندما يعبر عن أفكاره ومشاعره، وكما يقول " كارل روجرز " : [ إن الطفل يحتاج إلى الأمان النفسي للتعبير عن أفكاره بأساليب جديدة وتلقائية].

**4- جسور الثقة :**

على الوالدين أن يشعروا الطفل الموهوب بكيانه ويُدعما ثقته بنفسه، ويمكن لذلك أن يتحقق بعدة طرق مثل : أن يسمح الوالدان له بالتخطيط لبعض أعماله (يريد الذهاب إلى الحديقة أو البقاء في المنزل للعب ..)، كما يتركاه يخطط لبعض

أعمال الأسرة البسيطة وينفذها ( ما الذي نحتاج لشرائه من السوق ؟ وينزل هو ليشتريه / أو العناية بأخيه الصغير ) .. فإتاحة الفرصة لاتخاذ القرارات تجعله يشعر بمدى أهمية وقيمة تفكيره، وكذلك تساعده على إدراك عواقب تلك القرارات .

### 5- اللقب الإيجابي :

فالطفل الموهوب كما قلنا سابقًا حساس من الناحية الانفعالية، وكلمة مدح صغيرة تفعل به الأفاعيل، فلا بأس إذا من إيجاد لقب يناسب هواياته ويشعره بتميزه في هذا المجال ..مثل : نبيه / عبقرينو / فاهم / الماهر.

### 6- اللعب والألعاب :

اللعب وسيلة هامة في تنمية الموهبة ؛ لهذا يجب الحرص على توفير الألعاب ذات الطابع الذهني أو الفكري، مع إعطاء الطفل الموهوب الفرصة لاستخدام ألعابه الجديدة واكتشافها .. وللمشاركة الأسرية في اللعب عامل كبير في تلطيف ودعم أواصر العلاقات داخل الأسرة، وللعب دور أيضًا في تنمية الجانب العقلي والإدراكي لدى الطفل، فلعبة كالاختفاء والظهور [الاستغماية] على سبيل المثل تجعل الطفل يدرك مفاهيم متعددة ؛ كمفهوم المساحة والمسافات والرؤية .

### 7- المكتبة المنزلية :

فالحرص على وجود مكتبة تحتوي على العديد من الكتب النافعة والمفيدة، والقصص ذات الطابع الابتكاري أو [ التحريضي ] " القصص ذات النهايات المفتوحة - "، وأيضًا ضرورة أن تحتوي المكتبة على دفاتر التلوين وجداول العمل ومجموعات اللواصق .

### 8- حكايات قبل النوم :

القصص والحكايات من الأشياء الضرورية لكل الأطفال - خاصة الموهوبين منهم - فقد أثبتت الدراسات الحديثة أن الأطفال الذين يستمعون إلى القصص من

ذويهم منذ فترات مبكرة من حياتهم هم أنجح الأطفال في مدارسهم؛ وتشير تلك الدراسات أيضًا إلى أن القراءة النشطة للحكايات [ بنبرات مختلفة، مع استخدام تعبيرات الوجه ] له تأثير إيجابي على قدرة الطفل على القراءة ودفعه لها .

وتعمل القصص أيضًا على تدريب الأطفال على مهارات التواصل والحديث والإنصات، وتنمي الطفل لغويًا بما تضيفه من كلمات وألفاظ تثري حصيلته اللغوية، وتعمل القصص وسردها أيضًا على تنمية الطفل الموهوب معرفيًا ؛ وذلك بإثراء معلوماته عن العالم الواقعي ؛ وكذلك أساليب حل المشكلات .

ولعل أهم ما يحققه سرد القصص ؛ هو هذا الجو الحميمي الودود الذي يسود جلسة السرد، بما يمد الطفل بالشعور بالأمان والحب، إضافة إلى الاسترخاء والمتعة . ويجب على الوالدين التركيز على سرد قصص الموهوبين والأسباب التي أوصلتهم إلى العلياء، وتحبيب شخصياتهم إلى الطفل ليتخذهم قدوة ومثلاً .

**9- معرض الطفل** :

من وسائل التعزيز والتشجيع الاحتفاء بالطفل المبدع وبإنتاجه، ويكون ذلك بعرض ما يبدعه من أشياء في مكان واضح في المدرسة أو البيت، أو بتخصيص مكتبة خاصة بأعماله، و إقامة معارض لأعماله يُدعى إليها الأقرباء والأصدقاء في المنزل أو قاعة المدرسة .

**10- المشكلة والحل** :

ضع طفلك أمام مشكلة أو سؤال صعب واترك العنان لتفكيره [ الأسئلة المحفزة ] .. مثال على تلك الأسئلة : ماذا تفعل إذا ضللت الطريق للبيت؟ / ماذا تفعل إذا دخل البيت لصًا؟ / ماذا تفعل إذا صرت وزيرًا؟ .

ومثل تلك الطريقة تبرز روح التحدي لدى الطفل وتجعله يُخرج ما عنده من طاقات وأفكار مبتكرة وحلول .. وتصبح تلك الطريق أكثر فاعلية إذا ما تم إلقاء الأسئلة على مجموعة من الأطفال وتتلقى إجاباتهم مع المناقشة للحلول المقترحة ؛ فيما يسمى بطريقة [ العصف الذهني ]، وعندها ستجد عند هؤلاء الأطفال حلول لمشكلات لم تكن لتخطر على بالك أنت نفسك !!

## 11- الضبط السلوكي :

الطفل الموهوب لا يسعى للتخريب ولكنه يريد الاكتشاف، ووقوع الخطأ لا يعني أن المخطئ أحمق أو مغفل، فلابد للطفل أن يقع في الخطأ ؛ وأنت تصحح له، وإلا كيف سيتعلم الفرق بين الصواب والخطأ ؟ ! !

ولهذا على الوالدين محاولة البعد عن نقد الطفل نقدًا يهدم من شخصيته - وخصوصًا أمام الآخرين، حتى أخواته -، ولكن يمكن القول له : أنت طفل مهذب، ولا يجب عليك فعل مثل هذا السلوك .

## 12- الهوايات المفيدة :

سنورد هنا بعض الهوايات التي يمكن لطفلك الموهوب أن يمارسها : (مقتبس من كتاب"هوايتي المفيدة ).

## أ- هوايات فكرية - ذهنية .

• جمع الطوابع والعملات .

• جمع الصور المفيدة من المجلات والجرائد، وتصنيفها ( أشخاص / أماكن.. ..).

• المراسلة وتبادل الخواطر .

• التدريب على استخدام الحاسب الآلي .

• القراءة والمطالعة ( مرئية / مسموعة / إلكترونية ).

**ب- هوايات حسية - حركية :**

- مراقبة النجوم، والتأمل في المخلوقات .

- تربية الحيوانات الأليفة والمنزلية ( عصافير / أسماك زينة.... )

- الزراعة وتعهد النباتات بالسقي والرعاية .

- الرحلات الترفيهية والمعسكرات .

**جـ - هوايات فنية - مهنية :**

- تعلم الرسم والتلوين .

- الإنشاد .

- صناعة الدمى والألعاب المختلفة يدويًا .

- صناعة الحلويات، وابتكار أكلات جديدة ( للفتيات ) .

- الخياطة، وفنون الحياكة .

ومن كل ما سبق يتضح للوالدين ملامح خطة عملية يمكن وضعها وتنفيذها، وذلك لدفع طفلهم الموهوب إلى استخراج مواهبه وطاقاته الكامنة واستخدامها في عمارة الأرض المستخلف فيها من بعد ...

وأخيرا أوجه نصيحتي لكل أب وأم، لا تنتظر من طفلك البدء ؛ بل ابدأ أنت . فإنك إن انتظرت ظهور علامات الاستعداد لديه قبل أن تقدم أنت له الخبرات والأنشطة المحفزة، فتكون بذلك حرمته من التحدي المبدع والدافعية الفاعلة .

ولا تخش عليه من الفشل وعواقبه، فالمبالغة في حمايته قد تعوقه على التصرف في المستقبل .. وإذا رأيت في ذلك نوعا من القسوة، فتذكر الطريقة التي تعلمت بها أنت المشي ؛ كم مرة فشلت ووقعت، وتقوم لتقف وتحاول دون استسلام .. فاترك له الفرصة ليحاول.

# دور النشاط الطالبي في
# اكتشاف ورعاية الطلاب الموهوبين

يعد الطلاب الموهوبون ثروة وطنية وكنز لا ينضب في مجتمعنا، بل وعامل من عوامل نهضته في جميع المجالات،حيث بهم وعن طريقهم يتم استثمار وتطوير الأنواع الأخرى من الثروات، وذلك أن أي عمل ثقافي أو حضاري يقوم أساساً على الفكر والجهد البشري، ثم بعد ذلك على الثروة المادية، كما أن أثمن ما في الثروة البشرية وأجزلها عائد لإمكانات الموهوبين، فهم بما وهبهم الله من تفوق عقلي وقدرات خاصة على الفهم والتطبيق والتوجيه والقيادة والإبداع أقدر العناصر البشرية على إحداث التقدم وقيادة التنمية والتصدي لمعوقاتها وحل مشكلاتها .

وذلك مصداقاً لقوله تعالى : (ورفعنا بعضكم فوق بعض درجات) . ومن الدرجات الموهبة ، مما يحتم علينا ضرورة استغلال ما لدى هذه الفئة من مواهب وقدرات عقلية متميزة استغلالاً تربوياً أمثل، كما يؤكد على مسئولية التربية بشكل عام والمدرسة بشكل خاص في اكتشاف الموهوبين وتوفير البرامج الملائمة لهم والتي تفي باحتياجاتهم .

وحيث إن التربية الحديثة في الوقت الحاضر تركز على أن الطالب هو المحور الأساسي للعملية التربوية، لذا يجب أن يتكيف المنهج مع الطالب وليس كما هو متبع في التربية التقليدية من حيث تكيف الطالب مع المنهج الدراسي بغض النظر عن قدراته ومواهبه وميوله .

ووفقاً لذلك فإن النشاط الطالبي بمختلف مجالاته وفروعه ومن خلال برامجه العامة والخاصة معني بدعم مواهب الطلاب، والتعرف عليها في وقت مبكر، وتوفير ما يلزم لتنميتها إلى أقصى درجة ممكنة، كما أنه معني بتطبيقها في الميدان التربوي بحيث تشكل تربية الطلاب الموهوبين جزءاً كبيراً من برامج النشاط الطالبي والذي تتضمنه خطة الدراسة الكلية بكل مدرسة، وهذا هو الهدف الأساسي الذي نسعى إليه جميعاً .

## من هو الموهوب في النشاط الطالبي؟

هو الطالب الذي يظهر مستوى أداء عالٍ، أو إنتاجاً مبدعاً، أو لديه استعداد متميز، في واحد أو أكثر من مجالات النشاط الطالبي سواء أكانت:

- الاجتماعية (الرحلات والزيارات، الخدمة العامة، الأمن والسلامة، الهلال الأحمر، الجمعية التعاونية، الإذاعة المدرسية، الصحافة المدرسية، إقامة المعارض، المراكز والمعسكرات ) .
- أو الثقافية (المسرح، والإلقاء والارتجال، إعداد البرامج وتنسيقها وإخراجها، وقراءة الكتب، والاهتمام بالمكتبات وارتيادها).
- أو العلمية ( رياضيات، كيمياء، طبيعة، هندسة، فيزياء ) .
- أو الأدبية ( قصة، شعر، تذوق ونقد أدبي، نثر، السرد والمحاورة، التعليق، تأليف النصوص الأدبية ) .
- أو الفني والمهني ( رسم بالخامات، أشغال الورق والحفر، والتصميم والزخرفة، التشكيل بالخط العربي، أشغال الزجاج، أشغال النسيج والسجاد، أشغال الطباعة، أشغال الخزف، أشغال المعادن، أشغال الخشب والنجارة، التشكيل والتكوين بالخامات، التصوير الفوتوغرافي والفيديو، والديكور ) .
- أو الرياضة (كرة قدم، الطائرة، اليد، السلة، تنس الطاولة، السباحة، ركوب الخيل، الجمباز، المسابقات الفردية والجماعية، مسابقات المضمار بمختلف أنواعها) .

- أو الكشفية ( الاعتماد على النفس، تطبيق التقاليد الكشفية، نظام الطلائع، حياة الخلاء، الاهتمام بالحصول على شارات الجدارة والهواية ) .
- أو القدرة على التفكير المبدع ( الابتكار ) أو الصور التي يعرضها في حل المشكلات كأن يبتكر حلولاً جديدة وغير مألوفة .

كيف يكتشف الموهوب في النشاط الطالبي؟

لا شك أن مدى نجاح البرامج المعدة لرعاية الموهوبين يتوقف إلى حد بعيد على مدى النجاح في تشخيصهم وحسن اختيارهم، ولذلك تعددت وتطورت وسائل وطرق التعرف على الموهوبين والكشف عنهم والتي من أهمها :

1- ملاحظة العمليات الذهنية التي يستخدمها الطالب في تعلم أي موضوع أو خبرة في داخل غرفة الصف أو خارجها .

2- ملاحظة أداء الطالب أو نتائج تعلمه في أي برنامج من برامج النشاط أو أي محتوى يعرض له أثناء الممارسة، أو الصور التي يعرضها في سلوك حل المشكلات .

3- تقارير الطلاب عن أنفسهم، أو تقارير الآخرين عنهم، مثل تقارير المعلمين ومشرفي الأنشطة والآباء والأمهات وزملاء الدراسة .

4- استخدام المقاييس النفسية مثل اختبارات الذكاء، والتحصيل، ومقاييس الإبداع .

ويمكن الاستفادة من المعلمين والمشرفين على الأنشطة الطالبية في تطبيق هذه الطرائق في المدارس، بحيث يشارك فيها جميع مدرسي المدرسة كل في مجال تخصصه وذلك من خلال تنظيم جماعات النشاط بالمدارس وبرامجه العامة، وكذلك توجيه جماعات النشاط المصاحبة للمواد الدراسية لخدمة طرق الكشف والرعاية معاً، سواء على مستوى المدارس، أو المراكز الدائمة في الأحياء والتي تعد خطوة رائدة وجيدة في هذا المجال الحيوي الهام، أو المراكز الصيفية والرمضانية، إضافة إلى المعسكرات والرحلات والبرامج الأخرى .

إلا أننا يجب أن نتذكر دائماً أنه لا يوجد طريقة واحدة يمكن من خلالها التعرف على جميع مظاهر الموهبة لذلك فإن التعرف يتحقق بشكل أفضل دائماً باستخدام مجموعة من الأساليب المتنوعة التي تعتمد بشكل أفضل دائماً على عمل الفريق .

كما يجب أن نتذكر أيضاً أنه كلما بكرنا في اكتشاف الطفل المتفوق أو الموهوب وهو ما زال في مرحلة عمرية قابلة للتشكيل كان ذلك أفضل كثيراً من الانتظار إلى سن متأخرة قد يصعب فيها توجيه الموهوب الوجهة المرجوة نظراً لما يكون قد اكتسبه من أساليب وعادات تجعل من الصعب عليه التوافق مع نظام تربوي أو تعليمي مكثف .

ولذلك أرى أن من الصف الرابع الأساسي كمرحلة يمكن الوثوق عندها من ممارسة الطالب للأنشطة المختلفة والتفاعل مع أقرانه ومعلميه، وهي المرحلة التي يبدأ الطالب عندها في اختيار النشاط الملائم لميوله وهواياته وقدراته وخبراته، وهي أيضاً المرحلة التي يبدأ فيها النشاط الطالبي تطبيق برامجه بحيث يكون لها الدور الأكبر في توفير الرعاية اللازمة للطلاب كل حسب موهبته، وإعطائهم فرصة الممارسة والتعرف بشكل أعمق على مواهبهم، في وقت أطول من الفرصة المتاحة حالياً داخل الغرفة الصفية وتهيئة أماكن تنفيذ الأنشطة، وتزويدها بالوسائل والإمكانات اللازمة، وتقديم التوجيه المركز والمتخصص بشكل فردي أو جماعي، مما يحقق في النهاية النمو لكل طالب موهوب طبقاً لقدراته .

ويمكن أن يتم هذا الأمر على النحو التالي :

1. وضع الطلاب خلال الصفوف الثلاثة الأولى تحت الملاحظة من قبل معلميهم والمرشد التربوي وبمساعدة من قبل الوالدين، وذلك من خلال تصميم استمارة تحتوي على جميع الصفات والسمات (الشخصية، العقلية، الاجتماعية، الوجدانية، الجسمية ) والتي تميز عادة الطلاب الموهوبين عن غيرهم من الطلاب .

2. الاستعانة بأولياء الأمور في تحديد جماعات النشاط التي ترغب ابنهم في مزاولتها في المدرسة، والتي يرى الوالدان أن ابنهم يبدع فيها، وذلك بناءً على معرفتهم بابنهم وبما يتميز به من قدرات أو استعدادات في أي مجال كان .

3. في نهاية الصف الثالث الأساسي يكون الطالب قد نال قسطاً لا بأس به من المعارف والمعلومات الأساسية، كما اتضحت سماته وصفاته التي تميزه عن غيره من الطلاب، وتعرف على جماعات النشاط الطالبي والبرامج المطبقة في كل منها، وبعد أصبح مدركاً لقدراته وميوله وهواياته .

4. مع بداية الصف الرابع يأتي دور الطالب في اختيار أي جماعة من جماعات النشاط التي تتفق مع رغباته وتوافق ميوله، وذلك من خلال تصميم استمارة يقوم الطالب بتعبئتها ويذكر فيها ماذا يريد أن يمارس من أنشطة، وذلك بعد تعريف هؤلاء الطلاب بالجماعات المتوافرة في المدرسة وبالأهداف التي تطبقها كل جماعة على حدة .

5. يتم تحديد بعض معايير الأداء في كل نشاط من الأنشطة الطالبية على حدة وفي استمارة مخصصة للملاحظة، ويتم وضع هذه الاستمارة تحت تصرف المشرفين على هذه الأنشطة ليتم الحكم من خلالها على موهبة كل طالب في النشاط الذي يمارسه .

6. فتح ملف خاص لكل طالب موهوب يستمر معه طيلة التحاقه بمراحل التعليم العام ويكون تابعاً لقسم النشاط الطالبي، ولكي يسهل من خلال هذا الملف متابعة هذا الطالب وتوجيهه ووضع البرامج الملائمة لرعايته .

7. التنسيق مع المدرسين لتوجيه رعاية خاصة للطلاب الموهوبين داخل الفصل كل في مادته، والطلب منهم ترشيح الطلاب المتميزين في كل مادة دراسية بناءً على الرغبة والقدرة .

8. تقويم الأعمال التي ينتجها الطلاب بأنفسهم من خلال المعارض المدرسية ومعارض المنطقة والحكم على موهبة كل طالب في المجال الذي يبدع فيه من خلال ممارسته لذلك العمل البارز.
9. الاستفادة من المراكز الدائمة في الأحياء والمراكز الصيفية والمعسكرات والرحلات والزيارات في تكثيف الملاحظة للطلاب والحكم من خلالها على موهبتهم وما يتميزون به من قدرات واستعدادات .

## دور برامج النشاط الطالبي في رعاية الطلاب الموهوبين :

إن فكرة رعاية الموهوبين فكرة قديمة، وذلك انطلاقاً من الأهمية القصوى لتوفير البرامج الخاصة للموهوبين وذوي القدرات الخاصة، وبهدف تنمية مواهبهم وقدراتهم، وبما يؤدي إلى حسن استثمارها بما يعود بالنفع على الفرد والمجتمع على حد سواء، وقد بين المؤرخ ( توينى ) أن الموهبة إذا لاقت إحباطات ومعارضات ستضمحل وتتلاشى وذهب إلى حد القول إن توفير فرص مناسبة من الإبداع هي مسألة حياة أو موت بالنسبة لأي مجتمع .

وتعد المدرسة المكان المناسب والملائم لاكتشاف الطلاب الموهوبين ورعايتهم، وذلك انطلاقاً من حقيقة ثابتة لا تقبل الشك تقول إن عدداً من الموهوبين يوجد في المدارس على اختلاف مراحلها وأنواعها .

إلا أنه مع اختلاف العلماء والخبراء والتربويين في الطريقة المثلى في تربية الموهوبين والعناية بهم أرى أن الاتفاق ينعقد على أن أي برنامج لتربية الموهوبين والعناية بهم، أراه مناسباً لهم وهو أفضل لتربيتهم وتنشئتهم من تركهم من دون أي برامج على الإطلاق، كما أرى أن برامج النشاط الطالبي بمختلف مجالاته يمتلك الوسائل والأساليب الكفيلة بتحقيق الرعاية اللازمة للطلاب الموهوبين في

مدارسنا .

ويتم ذلك من خلال الاستراتيجيات المتعارف عليها لرعاية الطلاب الموهوبين وهي ( التجميع والإثراء والتسريع ) والعمل على دمجها من خلال برامج النشاط الطالبي وذلك على النحو التالي :

**أولاً : استراتيجية التجميع**

أي تجميع الطلاب الموهوبين داخل مجموعات متجانسة من الأنداد، ذوي الاستعدادات أو الميول المتشابهة أو المتكافئة، مما يوفر لهم الدافعية والإثارة، ويحملهم على الاستزادة في المعرفة والفهم واكتساب الخبرة الغزيرة.

إلا أنه يجب ألا يتخذ التجميع مفهوماً جامداً، فقد تختلف مدة التجميع فتستمر مدة التجميع من ساعة إلى بضع ساعات، كما هو مطبق في حصص النشاط والمراكز الدائمة في الأحياء، وقد تستمر يوماً دراسياً كاملاً، كاليوم المفتوح والذي لا يلتزم خلاله الطلاب بالجدول الدراسي المعتاد، وقد تستمر أسبوعاً أو عدة أسابيع كالمعسكرات الاجتماعية التربوية والزيارات والرحلات الطالبية وذلك أثناء إجازة نصف العام والصيف . وقد تستمر فصلاً دراسياً كالمراكز الدائمة في الأحياء أو المدارس المخصصة للموهوبين .

هذا من حيث الوقت المخصص للتجميع أما من حيث العدد فقد يتضمن التجميع مجموعة صغيرة تتكون من حوالي 10- 30 طالباً .

**ثانياً : استراتيجية التسريع**

أي السماح للطلاب الموهوبين بتخطي البرامج العادية والانتقال إلى برامج ذات مستوى عالٍ تتفق مع أعمارهم العقلية وليس الزمنية مما يضمن مواجهة الحاجات العقلية والمعرفية للطلاب الموهوبين وتنميتها، وهذا الأسلوب يتطلب تهيئة البرامج والإمكانات للطلاب الموهوبين مع وجود الحرية والمرونة التي تسمح بانتقال هؤلاء الموهوبين إلى برامج ومهارات أعلى كلما أنهوا واجتازوا أهداف

تلك المرحلة .

ويعد الإسراع في نقل الطالب إلى مكان يتناسب مع مستواه وسيلة من الوسائل الأكثر شيوعاً للعمل على رعاية الطلاب الموهوبين، كما يتبع لهذه الوسيلة ما يعرف بالدراسة المستقلة ( الدراسة الفردية )، وهي عبارة عن برنامج يصمم عادة لتلبية حاجات الطالب أو الطلاب الموهوبين والذين يظهرون قدرة أو مهارة ذاتية، ويكون عادة تحت إشراف معلم أو مشرف تربوي يكون من الأشخاص المرجعيين الذين لديهم معرفة ومهارة معينة في التعامل مع الموهوبين .

ويسمح هذا الأسلوب للطالب الموهوب أن يتابع دراسته مع أقرانه العاديين في الصف أو في الجامعات المختلفة، وقد تتم هذه الدراسات من خلال أنشطة وبرامج خاصة تقدم من خلال المراكز الدائمة في الأحياء أو الإجازة الصيفية والتي يتم تنفيذها ضمن إطار المدرسة أو المخيمات أو المعسكرات أو إدارات التعليم .

**ثالثاً : استراتيجية الإثراء**

وهي عبارة عن تدعيم المنهج وإثرائه، وذلك بإضافة مناهج للموهوبين إلى المناهج العادية، أو إضافة أنشطة خصبة ووفيرة إلى المواد الدراسية أو إلى البرنامج الموضوع لرعاية الموهوبين أو لكليهما معاً، بحيث تنمي مواهب الموهوبين وقدراتهم، ويشمل الإثراء الناحيتين الكمية والكيفية حيث يمكن أن نحقق هذا الأمر بنوعين من الإثراء هما :

أ) **الإثراء الأفقي :** وذلك عن طريق التوسع في البرامج وتقديم مهارات وخبرات إضافية مختلفة، مما يوسع دائرة معرفة الطالب .

ب) **الإثراء الرأسي :** وذلك عن طريق إتاحة الفرصة لتعميق معارف ومهارات الطالب في ميدان أو مجال أو نشاط ما يتفق واستعداداته وقدراته ومواهبه .

وبالنسبة لكيفية تقديم هذه الأنشطة فيورد ( الشخص، 1990 ) أنه يمكن

تقديمها للطلاب الموهوبين بعدة طرق مختلفة منها :

1- أنشطة إضافية للمنهج الدراسي تقدم في الفصل الدراسي العادي .

2- أنشطة خاصة تقدم في غرفة المصادر وهي ( غرفة خاصة تلحق بالمدرسة العادية تضم أنشطة تعليمية مختلفة لمواجهة الحاجات الخاصة للطلاب غير العاديين، ويقدمها لهم معلمون متخصصون في العمل مع الفئات المختلفة لهؤلاء الطلاب ) .

3- دراسة حرة يقوم بها الطالب في المكتبة .

4- أنشطة يقوم بها الطالب في المجتمع المحلي أو في الجامعة أو في العمل .

5- مقررات حرة يحاول الطالب استيفاء متطلباتها بصورة مستقلة .

6- بحوث يقوم بها الطلاب بصورة مستقلة في المجالات موضع اهتمامهم .

ويضيف ( الفقي، 1983 ) أن من ألوان الخبرة التي استخدمت في هذا الأسلوب هي الرحلات الأسبوعية للمتاحف والمصانع والمؤسسات واستخدام السينما والمناقشة الجماعية ومشروعات البحث، وحفظ الأشعار، وإلقائها وكتابة القصص، ودراسة اللغات الأجنبية، والاعتماد على التعلم الذاتي وتخصيص أنشطة تربوية لأوقات الفراغ ونحو ذلك .

وكذلك يضيف ( بول ويتي، 1992 ) الأنشطة التالية :

1) **الرحلات والزيارات** : أي زيارة المناطق ذات المعالم الأساسية في الريف والمدينة.

2) **المشروعات والبحوث الخاصة** : وذلك بتأدية واجبات خاصة بالإضافة إلى العمل المدرسي المألوف أو بدلاً منه، ولا شك أن القيام بهذه الواجبات الإضافية والمشروعات الابتكارية وكتابة التقارير كلها وسائل تعليمية مفيدة

1- أنشطة إضافية للمنهج الدراسي تقدم في الفصل الدراسي العادي .

2- أنشطة خاصة تقدم في غرفة المصادر وهي ( غرفة خاصة تلحق بالمدرسة العادية تضم أنشطة تعليمية مختلفة لمواجهة الحاجات الخاصة للطلاب غير العاديين، ويقدمها لهم معلمون متخصصون في العمل مع الفئات المختلفة لهؤلاء الطلاب ) .

3- دراسة حرة يقوم بها الطالب في المكتبة .

4- أنشطة يقوم بها الطالب في المجتمع المحلي أو في الجامعة أو في العمل .

5- مقررات حرة يحاول الطالب استيفاء متطلباتها بصورة مستقلة .

6- بحوث يقوم بها الطلاب بصورة مستقلة في المجالات موضع اهتمامهم .

ويضيف ( الفقي، 1983 ) أن من ألوان الخبرة التي استخدمت في هذا الأسلوب هي الرحلات الأسبوعية للمتاحف والمصانع والمؤسسات واستخدام السينما والمناقشة الجماعية ومشروعات البحث، وحفظ الأشعار، وإلقائها وكتابة القصص، ودراسة اللغات الأجنبية، والاعتماد على التعلم الذاتي وتخصيص أنشطة تربوية لأوقات الفراغ ونحو ذلك .

وكذلك يضيف ( بول ويتي، 1992 ) الأنشطة التالية :

1) **الرحلات والزيارات** : أي زيارة المناطق ذات المعالم الأساسية في الريف والمدينة.

2) **المشروعات والبحوث الخاصة** : وذلك بتأدية واجبات خاصة بالإضافة إلى العمل المدرسي المألوف أو بدلاً منه، ولا شك أن القيام بهذه الواجبات الإضافية والمشروعات الابتكارية وكتابة التقارير كلها وسائل تعليمية مفيدةللغاية، وفي هذه الحالة يكون للمكتبة دور هام كمصدر من مصادر المعلومات.

3) **برامج القراءة الفردية :** إن تعريف الطلاب الموهوبين بالكتاب الجيد قد يفيدهم فائدة كبيرة، ولكي تتحقق هذه الفائدة لا بد من أن نوفر لهم المساعدة والتوجيه ولا بد أيضاً من تشجيعهم حتى تصبح القراءة أمراً محبباً إليهم .

4) **الحلقات والندوات الدراسية :** ويتلقون فيها دروساً خاصة في بعض الميادين كالكتابة الابتكارية والأدب والعلوم والتمثيل والخدمة المدرسية، ولا يسمح لهؤلاء الطلاب بالاشتراك في هذه المجموعات الخاصة إلا بعد إنجازهم لواجباتهم الدراسية العادية .

5) **النوادي المدرسية :** وهي التي يشترك فيها الطلاب بعد انتهاء فترات الدراسة وفي أوقات فراغهم،وهذه النوادي تقوم على أساس ميول الطلاب لتزيد من تحمسهم ورغبتهم في العلم .

كما أن هناك المسابقات الثقافية والاجتماعية، والدورات المتخصصة، والبحوث والمناقشات، والندوات، والمحاضرات، والحفلات المسرحية. مسرحا الطفل والشباب )، وبرامج الخدمة العامة، والمخيمات والشارات الكشفية، وبرامج رعاية الطلاب الموهوبين لكل نشاط على حده، والحفلات الختامية .

أهم أساليب رعاية الطلاب الموهوبين ما يلي:

- أسلوب المناقشة الحرة حيث يشترك المعلم في الحوار أو إشراك أحد الطلاب مع زملائه ويقوم المعلم بجذب الانتباه والحفاظ على سير المناقشة .
- أسلوب التعلم عن طريق الاستكشاف (الاستقصاء) ويتركز في أهميه إعطاء الطالب فرصة التفكير المستقل واستخدام حواسه وقدراته في عملية التعلم .
- أسلوب حل المشكلات والذي يتم من خلاله طرح سؤال محير أو موقف مربك من قبل المعلم لا يمكن إجابته عن طريق المعلومات أو المهارات الجاهزة لدى الشخص الذي يواجه هذا السؤال أو الموقف مما يجعل الطالب يستنفر قدراته وصولا لحل المشكلات .

- أسلوب فرق العمل ( التعلم التعاوني ) حيث يتم من خلاله إثراء الموضوع الرئيسي للدرس وتوزيع الطلاب في مجموعات متكافئة . وجعل الطلاب يقومون بعمليه إيجاد الحلول ومن ثم التوصل للحل الأمثل .
- أسلوب التعليم المبرمج الذي يتركز على المثير والاستجابة والإيحاء ويكون مخططاً لخطواته مسبقاً. ويعتبر من أفضل طرق التدريس للطلاب الموهوبين، والذي يعتمد على سرعه الفهم ويختصر الزمن والمدى حيث تعتبر هذه الميزة إحدى سمات الموهوبين .
- أسلوب التعلم بواسطة الحاسب الآلي كوسيلة جيدة لمحاكات الحواس ويمكن استخدامه كأسلوب لحل المشكلات (-التعلم الذاتي – تحضير الدروس- البحوث العلمية -الاتصال).
- أسلوب التعليم المصغر حيث يكلف الطالب بأداء مهارة يمكن ملاحظتها وتسجيلها على شريط فيديو (( مهارة الإلقاء)) ومن ثمَ عرضها أمام عدد معين من زملائه في زمن محدد وبإشراف المعلم حيث توفر طريقة التقويم الذاتي والتغذية الراجعة بالنسبة له وزملائه ومعلمه .

ويمكن تحقيق هذه الأساليب بالطرق الآتية:

- وضع الأهداف الملائمة للفروق الفردية يراعى فيها الطلاب الموهوبون.
- بناء بيئة من الود والاحترام (شعور الطلاب الموهوبين بأنهم محل احترام معلميهم وزملائهم، واعتقادهم أنهم موضع اهتمام الجميع).
- محاولة تفهم الطلاب الموهوبين وطرق تفكيرهم وبيئاتهم، وجعل اكتشافهم في المادة هدفاً يسعى إليه .
- استخدام أساليب تنظيمية صفية تسمح ببرامج خاصة متقدمة للموهوبين ومنها تقسيم الصف لمجموعات طالبية صغيرة ملائمة للبرامج الخاصة أو البرامج الفردية بالصف أو برنامج مجموعة المعلم والمجموعات أو الأفراد المستقلين.

- تكليف الموهوبين بمشاريع إضافية وذلك بالاستفادة من غرف مصادر التعلم بدلاً من حضور بعض الحصص .

- التركيز على تعليم الطلاب الموهوبين الطرق المنهجية للبحث لتنظيم استنتاجاتهم وأفكارهم .

- تنمية المستويات المعرفية العليا (التفسير، المقارنة، التركيب، التقييم، الشعور بالمشكلات، توضيح المشكلات، التعمق، الافتراض، البحث، العلاقات، التذكر، التفكير المتقارب، التفكير المتباعد).

- عدم انتقاد الأفكار أو المشاركات التي يطرحها الطلاب ومحاول تقبلها بإعادتها أو إعادة صياغتها أو اقتراح تعديلات عليها.

- ممارسة التقويم للأفكار وعدم التركيز على التفصيلات غير الأساسية مع تجنب إحباط الطلاب بسبب التقويم غير المنصف لهم .

- تصميم برنامج اثرائي فردي خاص داخل وخارج الصف للطالب الموهوب.

- الاستعانة ببعض الأخصائيين في تدريس بعض المواضيع وفتح باب الحوار والمناقشة معهم.

- تقديم حصص اختيارية تحوي برنامجاً مكثفاً من محتويات إضافية وأنشطة متنوعة للطلاب.

- الاستفادة من برامج التلمذة الفردية للطلاب الموهوبين .

- توفير مراجع للقراءات الإضافية في موضوع الدرس والإعلان عنها في نهاية الحصة.

4) عدم توافر أخصائيين نفسيين مدرسين في الوقت الراهن يقومون بتطبيق الاختبارات والمقاييس النفسية كاختبارات الذكاء واختبارات التفكير الابتكاري، واختبارات القدرات والاستعدادات الخاصة.

5) عدم وجود تعريف موحد للطالب الموهوب :

حيث نجد أن هناك اختلافاً كبيراً في المسميات بين العاملين في الميدان التربوي لمصطلح موهوب إذ يطلق عليه عدة مسميات مختلفة منها متفوق، نابغة، عبقري، مبتكر، ذكي، مبدع لامع ... إلخ .

كما أن هناك اختلافاً في الطرق المستخدمة في تحديد هؤلاء الطلاب الموهوبين لدى الأخصائيين، فمنهم من يعتمد على الوصف الظاهري للسمات الشخصية كوسيلة لتحديد الموهوب، ومنهم من يعتمد على معاملات الذكاء، وفريق ثالث يستخدم مستوى التحصيل الدراسي، وفريق رابع يعتمد على محكات متعددة تبعاً لتعدد القدرات الخاصة .

6) عدم إعطاء الطالب الحرية التامة في اختيار النشاط الذي يرغبه ويتوافق مع ميوله وهواياته .

7) إهمال إنتاج الطلاب وإبداعاتهم وعدم إبرازها والإشادة بها، وعدم توافر الحوافز التشجيعية للطلاب بالشكل اللازم سواءً على مستوى المدارس أم المناطق.

8) عدم توافر مقرات وأماكن خاصة بكل نشاط يمارس فيها الطلاب النشاط وذلك بسبب عدم وضع النشاط في الاعتبار عند تخطيط المدارس وكذلك بسبب المباني المستأجرة .

9) عدم توافر الأدوات والآلات اللازمة للقيام بالأنشطة الفنية والمهنية كأدوات الرسم والكهرباء والسباكة والميكانيكا .

10) إن تخصيص حصة واحدة للنشاط أو حتى للتخطيط للنشاط في الأسبوع غير

كافية.

11) إن مطالبة المدرسين بتنفيذ النشاط أثناء اليوم الدراسي دون تخصيص أوقات معينة ولفت نظر المدرسين لها عن طريق التعاميم والاجتماعات مطلب غير كاف.

12) قلة البرامج المعدة مسبقاً من قبل إدارات التعليم والتي تهدف للكشف عن الطلاب الموهوبين واقتصارها على التربية الفنية أو الإلقاء والتعبير .

13) عدم قدرة المعلمين الرواد في الأنشطة المختلفة على التخطيط لاكتشاف الطلاب الموهوبين وابتكار البرامج المناسبة، بسبب عدم إيمانهم أو عدم مطالبتهم بذلك أو قلة خبرتهم أو جهلهم بالأهداف .

14) عدم إشراك الطلاب فعلياً في عملية التخطيط والتنظيم لبرامج النشاط بسبب الاهتمام بالأمور الشكلية والكتابية في النشاط، وبسبب فقدان الثقة بين الطالب والمشرف على النشاط في الأنشطة الطالبية المختلفة .

**توجيهات وإرشادات:**

1- استخدام تقديرات أولياء الأمور، وتقديرات الطلاب عن أنفسهم وكذلك تقديرات الزملاء عنهم، وأن يتم العمل على تقنينها من خلال استمارة مخصصة لذلك مما يجعلها تتسم بالدقة والموضوعية .

2- توفير اختبارات الذكاء، واختبارات التفكير الابتكاري، واختبارات القدرات والاستعدادات الخاصة وتقنينها على البيئة المحلية .

3- التبكير في اكتشاف الطلاب الموهوبين وعدم الانتظار لأعمار متأخرة خشية اكتسابهم أساليب وعادات معوقة لتكيفهم مع النظم التربوية والتعليمية والبرامج المكثفة، بالإضافة إلى ما يترتب على تأخير اكتشافهم من تعريض طاقاتهم للهدر والفقد .

4- توفير أخصائيين نفسيين مدرسين، مع تدريب المعلمين على استخدام

الأدوات التي تساعد على اكتشاف الطلاب الموهوبين، وكذلك تطوير كفاءاتهم في ملاحظة المظاهر السلوكية الدالة على الموهبة في المجالات المختلفة لدى الطلاب ملاحظة عملية منظمة .

5- إنشاء نادي للموهوبين على مستوى كل منطقة تعليمية، ينظم إليه الموهوبون في المنطقة التعليمية ويشرف عليه ذوو الاختصاص والخبرة .

6- إقامة المسابقات السنوية على مستوى الدولة وتشمل نوادي المناطق التعليمية.

7- رصد الحوافز التشجيعية مادية وأدبية على مستوى نوادي المناطق والدولة، مساواة بالحوافز التي ترصد للطلاب المتفوقين .

8- تذليل الصعوبات التي تواجه الموهوبين في مجال النشاط الطالبي والعمل على الارتقاء بمواهبهم .

9- إسناد المراكز القيادية للموهوبين في المدارس ومنحهم الرعاية والاهتمام .

10- وضع تعاريف إجرائية من قبل وزارة التربية والتعليم للطلاب الموهوبين في كل مجال من المجالات التي يمكن أن تبرز فيها هذه المواهب .

11- وضع خطط خاصة ذات أهداف طموحة للكشف عن الطلاب الموهوبين في التعليم العام، والعمل على تنفيذها من خلال برامج النشاط الطالبي .

12- تخصيص مدرسة خاصة بالطلاب الموهوبين على مستوى المناطق ولو على مستوى المرحلة الثانوية فقط يتم تجميع الطلاب الموهوبين فيها، وجعلها مركز انطلاق وتدريب لغيرها من المدارس وخطوة جريئة للأمام في مجال رعاية الموهوبين.

13- إنشاء أقسام في مديريات التربية والتعليم في المحافظات والمناطق التي لا يوجد بها مراكز للموهوبين تابعة للنشاط الطالبي وخاصة بالموهوبين بشكل عام ويشرف عليها مشرفون أخصائيون في هذا المجال بحيث تقوم هذه الأقسام بالجانب الإداري والتنظيمي، والتوجيهي والإشراف على برامج رعاية

الطلاب الموهوبين بحيث يعمل من خلالها على تطوير الموهوبين على مستوى تلك المناطق والمحافظات ثم التنسيق مع الوزارة في مجال رعاية الموهوبين .

14- التعاون بين وزارة التربية والتعليم والمؤسسات الحكومية والأهلية المختصة في مجال رعاية الموهوبين .

15- التنسيق مع الجامعات والكليات لاستمرار الاهتمام بالموهوبين، بقبولهم في مجالات مواهبهم وإنشاء نوادٍ للموهوبين في الكليات والجامعات .

16- التنسيق بين مراكز الموهوبين الموجودة في بعض المراكز والمحافظات لاكتشاف الموهوبين تفادياً للازدواجية في البرامج وحتى لا يثقل كاهل المدارس والمدرسين .

**الموهبة والإبداع الفني:**

فالموهبة الركيزة الأساسية التي يرتبط بها الإبداع الفني بمدى إدراك المبدع لجدوى العملية الفنية ... وهذا يعني بوضوح أن الموهبة " هي الركيزة الأساسية" ثم تراكم الخبرات وكثرة التجارب والدراسة لمحاولة اكتشاف الذات . وهذا كله يعطي المبدع القدرة على اكتشاف ذاته بذاته....

وسوف أذكر هنا ملاحظة في غاية الأهمية وهي أنه لا قوانين فنية يمكن أن تحكم العملية الإبداعية .. بحيث يمكن أن نعتقد أن $1+1=2$ ... وهذا قد يتحقق في علم الرياضيات في أنظمة الطرح والجمع والضرب .. ولكن في العمل الفني $1+1=3$ أو ربما 300 أو أي رقم يدل على التفريق الجوهري بين صرامة قوانين الرياضيات وليونة المنجز الفني ......

والمبدع هنا يضرب بكل هذه المثاليات عرض الحائط لأنها تحد من عملية التجريب والابتكار وتحكم الفن بكثير من القيود التي لا يستطيع معها الفنان التطور مع خضوعه التام لقوانينها وهذا كله ليس معناه إغفال الجوانب المعرفية والعلمية ....

وإنما يعني أن نعرف لكي نملك مفاتيح التجاوز وطرق مناحي إبداعية أخرى لا أن يظل الفنان أسيرا لبعض التنظيرات التي لا تساعد على وجود إبداع حقيقي ولا ترسخ وجود فنان بالصورة التي تجعله مؤثرا معبرا في جيله ومجتمعه.

ولأن الموهبة هي الركن الرئيسي في البنية الإبداعية .. وبدونها يتعرض أي بنيان للتفتت والانهيار .. فالموهبة هي التي تجر الإنسان إلى دراسة الفن وليس الدراسة التي تصنع الموهبة .. ولأنه حينما يقوم الموهوب بدراسة الفن فإنه يصبح أكثر استعدادا ويقدم عطاء بشكل أفضل فهو بالدراسة يدعم موهبته ... إن الفنان المبدع يجب أن تكون له عين نافذة ترى في جميع الاتجاهات والزوايا وتتعامل مع التفاصيل بدقة متناهية وفي نفس الوقت لا تلزمها بالمسلمات الأكاديمية ... فكل المدارس والاتجاهات الإبداعية والتي كسرت الحواجز التقليدية في الفن أتت عن طريق التجريب والإحساس المصفى من الافتعال وإلا لما كان لنا التعرف على كل هذا العدد الكبير منها.

# كيف تعرفين أن طفلك موهوب؟

**هل تساءلت من قبل إن كان طفلك موهوباً؟**

ربما لاحظت أنك سمعت نغمة جميلة من طفلك وهو ينقر على البيانو، أو ربما وجدتيه ذات مرة قد رتب شكلاً معقداً بمكعباته بالمقارنة لمن هم في مثل سنه.

ربما لا يستطيع التوقف عن الرقص، أو ربما نتائجه في مادة الرياضيات مبهرة حتى ولو لم تكن كذلك في بقية المواد. اقرئي أكثر لتعرفي معنى كلمة "موهوب"، كيف تعرفين الطفل الموهوب والأهم كيف يستطيع الأبوان أن يفيدا طفلهما الموهوب؟

**ما معنى موهوب؟**

الأطفال الموهوبون مختلفون عن الأطفال الآخرين في أن مهاراتهم الإدراكية، تتطور بشكل أعمق. كلمة موهوب تنطبق على الطفل الذي يتميز في أحد أو كلا المجالين الآتيين: الإبداع والذكاء. الإبداع يعني أن يرى الشخص المبدع، نفس الأشياء التي يراها الأشخاص الآخرون ولكن يفكر فيها بطريقة مختلفة .

تقول د. سعاد موسى – أستاذ مساعد الطب النفسي بجامعة القاهرة – أن تكوين أشكال مبتكرة بالمكعبات أو وضع لمسات جميلة بالألوان كل ذلك يندرج تحت مفهوم الإبداع .

أما بالنسبة للذكاء، فتشير د. سعاد إلى أن الذكاء تمييزه أسهل من الإبداع لكن تقسيمه إلى 7 أنواع حسب ما قسمه د. هوارد جاردنر - أستاذ بكلية هارفارد للدراسات العليا - جعل الأمر أكثر تحدياً.

## سبعة هي أنواع الذكاء حسب تقسيم د. هوارد جاردنر:

1 - **الذكاء اللغوي** : الأطفال الذين يتمتعون بذكاء لغوي يستمتعون بالكتابة، القراءة، حكاية القصص، أو حل الكلمات المتقاطعة.

2- **الذكاء المنطقي - الحسابي** : الأطفال الذين يتمتعون بهذا النوع من الذكاء يحبون التفكير في الأمور بعمق. فهم يهتمون بالتصميمات، التقسيمات، وعلاقة الأشياء ببعضها بعضا. هؤلاء الأطفال ينجذبون إلى المسائل الرياضية، الألعاب التي تعتمد على التخطيط، وإلى التجارب.

3- **الذكاء الجسدي - الحركي** : هؤلاء الأطفال يتعلمون ويطورون معرفتهم من خلال حركات وأحاسيس أجسامهم. غالباً ما يكونون رياضيين، يحبون الرقص، أو متميزين في الأشغال الفنية.

4- **الذكاء الفني** : هؤلاء الأطفال ينشغلون بالتفكير في الصور. فهم ينبهرون بالبازلز، أو يقضون أوقات فراغهم في الرسم، أو اللعب بالمكعبات، أو ربما أحياناً يستمتعون فقط بأن يحلموا أحلام يقظة.

5- **الذكاء الموسيقي** : كثير منا يظنون أن أطفالهم موهوبون في الموسيقى لأن كل الأطفال يحبون أن يرقصوا ويغنوا منذ سن مبكرة. لكن الأطفال ذوي الذكاء الموسيقي عادةً يدركون الأصوات التي قد لا يدركها الآخرون. غالباً ما يكونون مستمعين متفحصين وتكون لديهم القدرة على التمييز بين أنواع الموسيقى والنغمات المختلفة، ويستمتعون بقضاء وقت في دق النغمات أو "دندنتها".

6- **ذكاء التعامل مع الآخرين** : هؤلاء الأطفال يكونون بارعين في علاقاتهم مع الآخرين. فهم يكونون شخصيات قيادية بالنسبة لزملائهم، لهم قدرة جيدة على التواصل مع الآخرين، وتكون لديهم قدرة على فهم مشاعر الآخرين ودوافعهم.

7- **ذكاء فهم النفس** : الأطفال الذين يتمتعون بهذا النوع من الذكاء يكونون أكثر قدرة على فهم أنفسهم عن فهم الآخرين .هؤلاء الأطفال قد يتميزون بالخجل، ويكونون على دارية جيدة جداً بمشاعرهم ويتمتعون بالقدرة على المبادرة .

يمكنك معرفة إن كان طفلك موهوباً إذا كان:

• يتمتع بفضول كبير.

• يمشي أو يتحدث مبكراً.

• يستخدم يديه وأحياناً قدميه بسهولة لإنجاز بعض المهام الحركية الكبيرة والصغيرة كقدرته على التقاط شيء صغير باستخدام أصابع قدميه.

• يظهر اهتماماً مبكراً بالحروف الأبجدية.

• يهتم بمسألة الأرقام، والوقت ويفهمهما إلى حد ما.

• يستطيع ترتيب البازل الذي يناسب سن أكبر.

• حساس تجاه الموسيقى ويبدي استجابة لها.

• يتواءم مع الإعاقات ويتكيف معها ويستطيع إنجاز الكثير من الأمور التي يريدها بالرغم منها.

• يعبر عن ضيقه مما يحده (مما يظهر أن عقله يريد أن ينجز أشياء لا يستطيع جسمه بعد التعامل معها).

- يقوم باستمرار بتقسيم، ترتيب، وتنظيم الأشياء وتسميتها.

- يستطيع استيعاب مفهوم "السبب والنتيجة"، ويستطيع عمل "تخمينات" جيدة عند محاولة الإجابة عن الأسئلة، ويستجيب للاتجاهات والأمور المتعددة التي تطلب منه في سن مبكرة عن غيره.

- يستطيع النجاح في الاختبارات التي تعطى لمن هم أكبر منه سناً.

- لديه عدد كبير من المفردات ويستطيع التحدث بطريقة مرتبة ومفهومة في سن مبكرة ويستطيع التعبير عن نفسه باستخدام كلمات صعبة وجمل مركبة.

- يظهر استيعاباً سريعاً للمعلومات.

- لديه قدرة على الانتباه لفترات طويلة.

- يحكي القصص والأحداث بوضوح ويستطيع ابتكار نهايات منطقية للقصص.

- يتذكر الأحداث المعقدة ويستطيع شرحها بوضوح بعد مرور فترة طويلة على حدوثها.

- يستطيع استيعاب النغمات والأغاني بسرعة ويستطيع تكرارها بدقة.

**طرق لمساعدة طفلك على تنمية موهبته**

- عرضيه لأشياء كثيرة سواء مادية مثل اللعب والألعاب، أو إلى مواقف مثل وضعه في مواقف مختلفة وتعليمه كيفية التصرف فيها.

- اقرئي له وأريه الكثير من الكتب المصورة. في سن أكبر، أعطيه أنواعاً مختلفة من الكتب لإثارته.

- أسمعيه أنواعاً مختلفة من الموسيقى منذ سن مبكرة.

- اختاري له الألعاب التي تنمي مهاراته الحركية والإدراكية مثل المكعبات والبازلز المناسبة لسنه، وعاونيه في ترتيبها.

- دعيه يستكشف ويجرب ولكن تحت عينيك.

- أعطيه ورقة وقلماً ولكن كما تقول د. سعاد موسى لا تطلبي منه أشياء فوق سنه مثل الرسم بدقة فوق السطر، ولكن اتركيه يبدع بطريقته.

- حاولي معرفة الأسلوب الذي يتعلم به بسهولة وذلك بالاستماع إليه ومشاهدته بدقة وذلك لكي تستطيعي تقديم الأشياء إليه بطريقة تجعله يفهمها ويستخدمها.

- اعرفي حدود صبره، على سبيل المثال إذا كان يتحكم في غضبه أو يدخل في نوبات غضب.

- أعطيه أدوات رسم، ألوان، وورقة كبيرة، ولا تهتمي بالفوضى التي قد تحدث، فيمكنك فرش قطعة من البلاستيك في المكان الذي يلعب فيه ودعيه ينطلق!

- اعرفي النشاط الذي يهتم به طفلك والذي يكون مناسباً لإمكانياتك المادية سواء أكان نشاطاً بدنياً، مثل فصول الجمباز، الكاراتيه، والرقص، أو نشاطاً إبداعياً مثل فصول الرسم، والغناء، وشجعيه على المشاركة فيها.

- دعيه يخطئ، في المحاولة والخطأ" هي من أفضل الوسائل التي سيتعلم منها لينمي موهبته.

- اسمحي له بمساحة من الوقت يقضيها بمفرده ولكن تحت عينيك.

- استمعي إليه، شجعيه، ونمي تقديره لذاته وثقته بنفسه.

- لا تنتقديه ولا تطلبي منه الكثير عندما يخطئ أو لا يستطيع فهم شيء، ولكن عرفيه أخطاءه برفق وكوني مساندة له.

- لا تفقدي صبرك معه خاصة إذا كان لا يزال في سن صغيرة فالأطفال الصغار لا يدركون مفهوم الوقت.

- لا تضغطي على طفلك لكي يفعل شيئاً لا يريده لمجرد أنك تريدينه أن يفعله، فغالباً لن ينجزه بالشكل المطلوب.

# الكشف عن الموهبة والعبقرية
# من خلال خط اليد!

هل فكرت يوماً لِم تبدو خطوط الأطباء رديئة وغير مفهومة؟ أو لماذا عندما تمسك بالقلم ترسم مثلثات مثلاً؟!.

هذه الأسئلة حتماً ليست عبثية.. والدليل بأن الإجابات موجودة وعلمية جداً.. يقول الدكتور " فؤاد عطية " الخبير والاستشاري في الهندسة البشرية :

" أصحاب الخطوط الرديئة هم أناس يفكرون بسرعة ويكرهون الروتين ويتميزون بالمرونة وسهولة التعلم، والمثلث يدل على شخص لديه طاقة وحيوية وأحياناً عصبية وهو شخص اجتماعي ولديه قدر من القلق ويميل إلى التغيير".

عندما يحدق فيك الآخرون هم يحاولون أن يستشفوا شخصيتك من خلال ما ترتديه.. وعندما تتحدث يبدأون في قراءة لغة الجسد.. لكن كل الأحكام الصادرة هنا قد لا تكون حقيقية.. خط يدك هو أكثر وسيلة يمكن الوثوق بها..

**يقول الدكتور** Barry L. Beyerstein : في هذا الوقت من الصعب على من يفكر أن يتخيل كيف تكون نجمة أو كوكباً ما لها أثر على السلوك الإنساني؛ لكن على الأقل من الممكن القبول بأن تكون الكتابة شكلاً معبّراً للسلوك.. وربما كشفت لنا شيئاً ما حول أنفسنا!.

**تحليل الخط اليدوي** (Handwriting Analysis) هو المصطلح التكنيكي لعلم الجرافولوجي - (Graphology) ويهدف إلى تقييم وتحديد شخصية وهوية الإنسان من خلال خبطات وضربات القلم، والتصميم الشكلي، والأسلوب

النمطي للكتابة، بالإضافة إلى انه يظهر ويفسر أدق وأصغر النبضات الكهربائية للألياف العصبية (electrical impulses) المتدفقة من الدماغ إلى أصابع اليد كالأفكار، الحركات والمشاعر، كما عده بعض خبراء الخطوط بأنه «بصمة العقل» لأنه كالأشعة الحمراء يظهر كيف نفكر، كيف نشعر، وكيف نتصرف.. والخط مثل بصمة الأصابع لا يمكن أن يتطابق لدى الأشخاص المختلفين لذا فإنه يعبّر عن الشخصية الفردية والمختلفة بيئياً ووراثياً والتي تختلف من شخص إلى آخر.

ولأننا ننتظر الحكايات في كل شيء.. بدأت المحاولات الأولى في تحليل الخط عن طريق الشاعر الأمريكي ادجار ألان عندما قام بتحليل بعض الخطوط ونشرها وأطلق على هذا العلم اسم الاوتوجرافي Autography، غير أن أب علم تحليل الخط هو البروفيسور الايطالي كاميلو بالدو عندما نشر كتاباً في تحليل الخط عام 1662م وضع فيه الأسس لهذا العلم.

بعد ذلك جاء قسيسان فرنسيان هما أبو فلاندرن وأبو جين وقاما بوضع القواعد لتحليل الشخصيات من خلال الخط اليدوي ونشرا كتابين عام 1871م و1878م وتمت صياغة مصطلح الجرافولوجي لأول مرة.

ثم انتشر العلم في كل من فرنسا وألمانيا وبريطانيا ووجد قبولاً في أمريكا عام 1915م على يد العالم بيكر الذي أسس الجمعية الأمريكية لتحليل الخط، وأصبح علماً معترفاً به في كثير من الدول المتقدمة، ويدرس في المعاهد العلمية وأعرق الجامعات والكليات المتقدمة ضمن أقسام علم النفس، وعلم الجريمة، بدءاً من جامعة السوربون في فرنسا، إلى معهد علم النفس التطبيقي في زيورخ في سويسرا.

ويمارس هذا العلم في دول أوروبا كبريطانيا وفرنسا، ايطاليا، اسبانيا وألمانيا بدرجة عالية من التطور والتقدم، بالإضافة إلى أمريكا الشمالية والدول السوفياتية حيث تستفيد منه الهيئات والمؤسسة التي تهتم بهذه العلوم في العلوم السياسية والمباحثات في وزارة الخارجية والعلاقات الدولية.

أما في الدول العربية فقد ظلت إلى وقت قريب تفتقر إلى هذا العلم حتى تمكن الدكتور فؤاد عطية وبعد سنوات طويلة من البحث والدراسة من نقله إلى اللغة العربية، ويعتبر البحريني (عبدالجليل الأنصاري) وهو محلل ومدرب خط معتمد من جمعية محللي الخط العالمية من أشهر من يقدمون دورات متخصصة في علم الجرافولوجي.

رسم المربعات أو كتابة الهمزة ملتصقة بعمود الألف (مثلاً) أمر لا يمكن الاستخفاف به.. فالمعرفة والأحلام يمكن تشكيلها متى ما عرفنا مفاتيح الصناديق..

وعلم الجرافولوجي مفتاح ذهبي لأبواب كثيرة منها فهم الذات والآخرين، التعرف على أنماط تفكير الطلاب وحل مشكلاتهم النفسية والانفعالية، الكشف عن الموهبة والنبوغ والعبقرية، تحديد الوظيفة المناسبة، الاستشارات النفسية، قطاع التجارة والإدارة والأعمال وطبعاً في القانون وعلوم الجريمة.

**(ميرفت السجان) باحثة سعودية** متخصصة في علم الجرافولوجي وعضو في جمعيات علمية أمريكية لمحللي الخط اليدوي المحترفين تشارك اليوم الاثنين في المؤتمر العلمي الإقليمي للموهبة والذي يعقد في جدة بورقة عمل تحمل عنوان (الكشف عن الموهبة والنبوغ والعبقرية من خلال الخط اليدوي).. تحدثنا عن علم الجرافولوجي قائلة: " علم مهم جداً.."

ويتعدى الاكتفاء بتحليل الشخصية لمجرد المعرفة.. ولكن للتغيير.. فتغيير خطك يؤدي إلى تغيير سلوكك.. ويفتح لك آفاقاً أرحب.. وهو وسيلة مهمة جداً في تنمية مواهب الأطفال ".. وتضيف حول مشاركتها في المؤتمر: " أقدم ورقة علمية حول الكشف عن الموهبة والنبوغ والعبقرية من خلال الخط.. واستشهدت بنماذج عالمية وسعودية.. ستكون مفاجأة للجميع " !.

إذاً فتحليل الخط ليس ترفيهاً في اجتماعات الأصدقاء.. فمعرفتك لنفسك ستحرضك على (الوقوف).. ثم (المشي) في غير الاتجاهات الأربعة.. ستجعلك تستبدل خارطتك المحدودة.. بمدى متسع.. وأفكار خلاقة.. ستوقظ فيك أدوات مهملة.. وتفاصيل جديد..

# الفصل الثاني

# الإبداع والابتكار في التربية

# الفصل الثاني
# الإبداع والابتكار في التربية

**مفهوم الإبداع:**

من المعروف بأن تعريف الإبداع تنوع بتنوع تعاريف الباحثين والعلماء فكل يعرفه حسب وجهة نظره وكيفما يتفق مع توجهاته البحثية والعلمية.

**ومن أهم تصنيفات تلك التعريفات:**

- تعريفات ركزت على المناخ الإبداعي، وتبنى هذا الاتجاه علماء الاجتماع وعلماء الإنسان.
- تعريفات تركز على الإنسان المبدع من حيث الخصائص الشخصية والمعرفية، وتبناها علماء النفس.
- تعريفات تركز على العملية الإبداعية من حيث المراحل التي تمر بها وارتباطها بحل المشكلات وأنماط التفكير، وتبناه علماء النفس المعرفيين.
- تعريفات تركز على الناتج الإبداعي وهذه التعريفات أكثر شيوعاً لأنها تعكس الجانب الملموس للعملية الإبداعية.

وهنالك العديد من التعريفات ومن أهمها مايلي:

- **يرى سميث** (Smith ) أن الإبداع " إيجاد علاقات بين الأشياء لم يسبق أن قيل أن بينها علاقات ".

- وعرف لوينفليد ( Lewinfield ) المبدع بأنه " الشخص المرن ذو الأفكار الأصيلة، والمتمتـع بالقدرة على إعادة تعريف الأشياء أو إعادة تنظيمها، والـذي يمكنه التوصل إلى استخدام الأشياء المتداولة بطرق وأساليب جديدة تعطيها معان تختلف عما هـو متداول أو متفـق عليـه بـين الناس ".

- وقد وصف بيكاسو المبدع بأنه " وعاء ممتلئ بالانفعالات التي تأتيه من كل المواقع، من السماء، من قصاصات الورق،أو من شكل عابر، أو من نسيج العنكبـوت ... والمبـدع يـودع مـا يـرى أو يسمع أو يقرأ لتخفف من وطأة الانفعالات وازدحام عقله بالرؤى ".

- ويرى القريطي ( 1995 ) أن الإبداع في مجـال الفنـون التشكيلية " يـرتبط بمحتوى الأشكال أو المدركات الحسية البصرية كالخطوط والأشكال والألوان والكتل والفراغات وقيم السطوح. "

ويضيف القريطي أن الإبداع في الفن التشكيلي يقوم على الأبعاد التالية:

- الطلاقة التشكيلية : وهي كمية الأفكار التي ينتجها الفرد خلال فترة زمنية محددة وتقـاس مـن خلال وفرة مفردات شكلية معينة، غـزارة الإنتـاج للأشكال المركبـة باستخدام وحـدة أو عـدة وحدات.

- المرونة التشكيلية: وتشير إلى قدرة الفرد لتغيير رؤيته ووجهتـه العقليـة في تنـاول الأشكال والرمـوز، ومعالجة الخامات، والتنوع في عناصر الموضوع مـن حيـث الهيئـة والوضـع والتفاصيـل، واخـتلاف التكوينات التي ينتجها من خلال محاولاته المتتالية.

- الأصالة: تعني تميز إنتاج الفرد بالندرة والجدة وعدم التكرار من خلال ما يقوم به.

ما الفرق بين المبدع والموهوب ؟

عندما نريد دراسة الإبداع والموهبة يجب أن نوجه لأنفسنا سـؤالاً وهو مـا الإبـداع؟ ومـا الموهبة؟ وهنا سننقاد إلى تعريف الإبداع وتعريف الموهبة.

- **فالإبداع :** عمل ذهني (فكرة) يترجم إلى عمل حركي (عمل") وهنا ستصبح الفكرة المبتدعة واقعية لها مغزى ومعنى

- **أما الموهبة:** فهي قدرة ممتلكة من الإنسان وبشكل أعمق هي هبة من الله سبحانه وتعالى يوهبها إلى من يشاء من عباده.

ويتكون الإبداع من عنصرين أساسيين:

**العنصر الأول:** هو الجديد (الفكرة الجديدة).

**العنصر الثاني:** هو (المفيد).

أما الهدف الناتج من الفكرة التي ستتحول إلى عمل (فالفكرة نتيجة تفكير والتفكير نهايته عمل وتطبيق) وباجتماع العنصرين (الفكرة الجديدة + الهدف المفيد ستنتج إبداعك الجديد والمفيد فالعمل الجديد غير المفيد هو إبداع غير أصيل والعمل المفيد بلا تجديد هو إبداع متكرر) وهنا نتوصل إلى معرفة الإبداع وهو العمل الجديد المفيد أو الفكرة الجديدة المفيدة.

فالموهبة هي امتلاك قدرة موهوبة من الله سبحانه وتعالى إلى عبده الإنسان مما يتفاعل معها عقلا وعملا بأعماله وأفعاله، ولكن السؤال الذكي الهام هو (س/ما الفرق بين الموهبة والإبداع وهل هما نفس الحاجة؟)

الفرق بين الموهبة والإبداع هو أن الموهبة (قدرة ثابتة) وأما الإبداع فهو (تحريك وتوظيف هذه القدرة في مجالات ووظائف متعددة ومتنوعة ومختلفة وشاملة).

ومن جانب آخر يجب علينا معرفة الفرق بين الإنسان الموهوب والإنسان المبدع (فالمبدع موهوب ولكن الموهوب قد لا يكون مبدعا بسبب أن المبدع ترجم موهبته إلى أعمال وأفعال وأفكار متعددة ودليل استمراره بإبداعه هو امتلاكه لموهبة أما الموهوب لم يستمر ولكن استقر على موهبته وكرر أعماله وأفعاله وأفكاره بلا إبداع جديد

لأنه أعتمد على المفيد وليس الجديد والمبدع أنجب الجديد من المفيد وأعتمد على التجديد بأفكاره وأعماله فالفكرة الجديدة المفيدة ستصبح عملاً جديداً ومفيداً.

وبمعنى آخر فإن:

* **المبدع هو** الذي يبتكر أفكاراً جديدة وغير مألوفة، أو يطور فكرة موجودة لم يسبقه بها أحد ينتج عنها إنتاج متميز غير مألوف، يمكن تطبيقه والاستفادة منه.

* **أما الموهوب فهو** الشخص الذي لديه استعدادات وقدرات غير عادية أو يمتلك أداءً متميزاً عن الآخرين في مجال واحد أو أكثر من مجال ولكنه لم يأتِ بجديد.

مثال توضيحي:

* **الإنسان الكاتب إنسان** موهوب بالكتابة ولكن الأسلوب إن لم يتغير أو يتطور أو يتجدد للأحسن والأفضل بتحرره من العادة بالجديد والتجديد سيصبح إنساناً موهوباً فقط وليس مبدعا وهذا المبدأ ينطبق على جميع من يمتلك موهبة أي كانت بأي مجال من المجالات.

* **والمبدع الكاتب هو** من يطور ويتغير للأحسن والأفضل لأنه اعتمد على التنويع والتحسين المستمر غير المستقر على نوع محدد لكي لا يصبح فكره مقيد بمبدأ واحد أو طريقة واحدة جامدة غير متحررة أو مرنة وهنا سيتغير الإنسان ويغير من موهبته مظهرا وجوهرا.

وعندما ندخل بتعليم فن الإبداع سنوجه لأنفسنا سؤالاً مهماً وهو (كيف نصبح مبدعين وما الخطوات التي تقودنا للإبداع)؟

وبالاعتماد على حالات الإبداع الأربع فهذه خطوات تقود للإبداع السامي:


- **الحالة الاعتيادية هي (الحالة الاستقلالية)** : وهي ما نسمعه وما نراه وما نقرأه

وما نحتك به ولكن هناك أربع حالات تطورنا:

- **الحالة الأولى (التفكير)** : التفكير بما نستقبله (تفكير ايجابي ومنطقي) لمعرفة أساس ومغزى وهدف ما استقبلناه

- **الحالة الثانية (التغيير)** : التغيير من ما فكرنا به إلى الأفضل (تغير الحلول) بمعنى تنوع تفكيرنا لتصبح عقولنا مرنة.

- **الحالة الثالثة (التطوير)** : التطوير من حالنا ومواهبنا وتفكيرنا للأفضل والأجمل لكي لا نبقى على ما توصلنا إليه.

- **الحالة الرابعة (التحرر)** : التحرر من العادات والتقاليد البالية والتفكير المحدود والروتين المتكرر للبحث عن الجديد.

**أما الصفات الأربع التي يجب توافرها في الإنسان المبدع:**

1- **مفكر** : المبدع يجب أن يعتمد على التفكير بما يحتك به من معلومات مسموعة أم مرئية أم مقروءة ليصبح مفكر مبدعا.

2- **مبتكر** : يجب على المبدع أن لا يعتمد على صفة مفكر بل ينتقل للأفضل وهو مبتكر ينجب الجديد(طريقة وفكرة وحكمة).

3- **مقتدر** : يجب على المبدع أن يكتسب مهارات وقدرات من ما يعمله ويفعله ويهتم به لتصبح من ضمن أملاكه وقدراته.

4- **متحرر** : يجب على المبدع أن يتحرر من الحدود والتقليد والتكرار والروتين والنظام الذي وضعه على نفسه لينتقل إلى مبادئ جديدة يتفاعل معها عقلا وعملا وفعلا ليستمر بإبداعه وينطلق بإنتاجه للجديد والمفيد بشكل مستمر..

وهنا سيصل الإنسان المبدع إلى امتلاك هذه القدرات وهناك أعمال يجب على الإنسان أن يتحلى بها ومن خلالها ستعرف تحركات المبدع الذي قد يكون ابنك أم ابنتك المبدعة أم أخاك أم صديقك وهنا ستستطيع تقييم نفسك ان كنت تعمل هذه الأعمال فأنت مبدع فهناك الكثير من المبدعين لا يدركون بأنهم

مبدعون بسبب عدم التقييم لهم من الآخرين (ركز وتأمل).

**من أعمال المبدعين والموهوبين والمنتجين:**

البحث والتفكير (المبدع الذي يفكر بمن حوله وبنفسه وبمواهبه وكيف يغيرها ويطورها وكيف ينظم أوقاته ويحسن أعماله ويطور أفعاله ويقضي على سلبياته وبنفس الوقت يبحث عن الأفضل دائما هو إنسان مبدع لأن تفكيره ايجابي وأهدافه واضحة ومطامحه مستمرة وعقله حركي لا يكل ولا يمل.

الملهم والملاحظ (المبدع هو من يتأمل الطبيعة ومن حوله وبنفسه ومشاعره وأحاسيسه وأفكاره ويركز على نقاط القوة بنفسه وبمن حوله ولا يهمل نقاط الضعف الموجودة فيه لكي يقضي عليها وينهيها ودائما تأتيه الأفكار بسبب تأمله وتركيزه وملاحظاته المستمرة التي لا يغفل عنها بسبب يقظته وبديهته وانتباهه ونشاطه العقلي وهنا سيلتهم عقله الأفكار لأنه إنسان ملهم (يمتص الأفكار من خلال ما يراه ويقرأه ويسمعه ويفكر به) لكي يتحول من مستقبل للأفكار إلى منتج لها.

الكتابة والتدوين (عندما تتكون معلومات بعقل الإنسان المبدع يتجه لكتابتها وتدوينها ليحافظ عليها ويفكر بها ويزيد عليها لتصبح مشروعا له في المستقبل قد يكون كتاب مؤلف أم مقالة متسلسلة أم برامج متنوعة وهنا سيكون إنساناً منتجاً.

الامتلاك والاكتساب (المبدع بعد الخطوات التي عملها يجب ان يمتلك القدرات والمهارات من ما فعله لتصبح صفات من صفاته يعتاد عليها وتصبح اعتيادية بالنسبة له.

**كيف تصبح مبدعاً؟**

يوجد عدة طرق أساسية تجعل الإنسان مبدعاً، وهي:

1- الطريقة الأولى التأمل العام (النظر للمسألة المتوجه لك بشكل عام (التأمل هو (النظرة الشاملة للفكرة وللطبيعة).

2- الطريقة الثانية التركيز الخاص(تحديد النظرة على جزء معين للمسألة أو الفكرة أو الملحوظة أو المعلومة).

3- الطريقة الثالثة الملاحظة الناتجة (استخراج الملاحظات من تأملك وتركيزك على ما فكرت به سابقا من معلومات.

4- الطريقة الرابعة العمل(تطبيق الأفكار بعمل مثل (تأليف كتاب أو إعداد برنامج أو إنتاج وسيلة أو وضع نظام أو غيره.

والمعلومة الحقيقية المكتشفة هي عادات المبدعين متشابهة معهما بجميعهما باختلاف مجالاتهما وبعد مدنهما وعاداتهما وهي الحركة العقلية (التفكير والبحث والتأمل والملاحظة والتركيز) المؤثرة على الحركة النفسية لأن ما تفكر به يؤثر على نفسك من (نشاط نفسي ورغبة وحماساً وهدف وإرادة على إتمام ما فكرت به عقليا) إن فكرت بما لا يعجبك سينتج تأثير بنفسك وان فكرت بما تحبه ستزداد قوة ونشاطاً وحماساً وتفاعلاً) والحركة النفسية تؤثر على الحركة الجسدية (فالرغبة والإرادة) تنتج الإصرار والعزيمة على إتمام العمل والسعي على التطبيق والتنفيذ لتحقيق ما أردته والحركة الجسدية تؤثر على الحركة العملية (الإنتاج النهائي) وضع رسوم الخطة أو التأليف أو البرنامج الذي سعيت وطمحت لتحقيقه هنا سنقول بأن الحركة العقلية تؤثر على الحركة النفسية التي تؤثر على الحركة الجسدية المؤثرة على الحركة العملية.

**كيف تعرف موهبتك، وإبداعك؟**

تعرف موهبتك من خلال ما يميزك وما تجيده وما تتفوق به على من حولك، إما إبداعك من خلال إنتاجك وأعمالك وأفعالك وأفكارك الجديدة

والمفيدة.

## عادات مهلكة للإبداع

- التقليد والتكرار والملل والعادة والإهمال والكسل والانشغال بالتوافه والتفكير المحدود والروتين المعتاد.

- طرق مبتكرة جديدة للمبدعين (لتصبح مبدعاً سامياً (طبقها ونفذها):

فكر بما لم تفكر به(لكي تحرك عقلك للاتجاه الآخر).

- فكر بما تجهله(لتعرف ما تجهله ثم تتعلمه)

- فكر بالعمل الذي يلي ما عملته(لتستمر بأعمالك).

- لا تصل للممتاز حتى لو وصلته(لكي لا تقف ثم تتراجع في المستقبل.

- واجه ما تخشاه (لكي تتعلمه ولا تخشاه في المستقبل) بعد القضاء عليه.

- فكر بما لا تعرفه(لتتحرر من ما تعرفه وتتجه للذي لا تعرفه ثم تتعلمه وتصبح تعرفه وتعلم لماذا كنت تجهله).

- طور ما تعرفه (استقبل ثم فكر ثم غير ثم طور ثم تحرر ثم تنوع ثم اجمع ثم امتلك ثمرة ما عملته وما فعلته).

- النصيحة الإبداعية(شهادتك عقلك وحصالتك أفكار كوادر أهم أعمالك).

- أما الحكمة الإبداعية (تعلم ما لا تعيه وستجد نفسك في المستقبل تعيه كلمة إبداعية (أنت من يحدد من أنت)، كلمة حقيقية (أنت مبدع ولكن إلى الآن لم تكتشف إبداعك السامي) كلمة تحفيزية (ابحث عن ذاتك لتكتشفها بأفعالك).

## الإبداع والمبدعون.

الكثير يظن أن المبدعين ولدوا هكذا أودع الله سبحانه وتعالى فيهم الإبداع ولكن هذا مفهوم غير صحيح فكل إنسان يستطيع أن يبدع فقط إذا قرر أن يكون

كذلك لأن السماء لا تمطر ذهباً.

وكثيراً ما نواجه أشخاصاً يشتكون من عدم قدرتهم على توليد أفكار جديدة في أعمالهم أو في حياتهم والسبب في ذلك ليس لأنهم غير قادرين على الإبداع ولكن السبب الحقيقي يكمن وراء كيف يفكر هؤلاء وماذا يقولون لأنفسهم من إيحاءات وبماذا يغذون عقولهم!

لذا يجب علينا أن نبذل الجهد الكافي حتى نستطيع تحفيز عقلنا لينتج أفكاراً خلاقة كما أن تحديد الأهداف ومعرفة الإنسان ما هي رسالته في هذه الحياة تمكنه من فهم نفسه ومعرفة طبيعة قدراته وبالتالي يعرف إلى أي الطرق يتجه حتى يبدع حيث إن التخبط وعدم معرفة ما يريده الإنسان يجعله عرضة للجمود وعدم القدرة على التفكير فضلاً عن التفكير بطريقة إبداعية.

**ما صفات المبدعين ؟ :**

صفات المبدعين، التي يمكن أن تتعود عليها وتغرسها في نفسك، وحاول أن تعود الآخرين عليها أيضاً:

- يبحثون عن الطرق والحلول البديلة ولا يكتفون بحل أو طريقة واحدة .

- لديهم تصميم وإرادة قوية .

- لديهم أهداف واضحة يريدون الوصول إليها .

- يتجاهلون تعليقات الآخرين السلبية .

- لا يحبون الروتين .

- يبادرون .

- إيجابيون ومتفائلون.

وإذا لم تتوافر فيك هذه الصفات لا تظن بأنك غير مبدع، بل يمكنك أن

تكتسب هذه الصفات وتصبح عادات متأصلة لديك.

## فكيف تصبح مبدعا ؟:

### الرغبة:

حتى تنجز عملا إبداعيا يجب أن تتوافر لديك الرغبة والعزيمة على هذا العمل فبدون الرغبة والحماسة سوف يتسلل الملل إليك وينتهي الإبداع لديك وتأكد أن "كل النجاح يبدأ بإرادة النجاح، وكل الفشل يبدأ بفقدان تلك الإرادة".

### السمو بالأخلاق :

الإبداع من دون الأخلاق لن يقرب الناس منك وبالتالي لن تجني ثمار إبداعاتك ولن يبارك الله عز وجل خطواتك فكن ذا خلق حسن تكسب مودة الآخرين وتزيد من احترامهم لك .

### الإيمان والعمل :

يجب عليك أن تؤمن بأن الله سبحانه وتعالى قد أودع فيك قدرات هائلة كل ما يجب عليك هو استغلالها في الخير، والإيمان من دون العمل لن يجعلك تتقدم قيد أنملة

### وضوح الهدف :

إن لم تكن لديك خطة مكتوبة فأنت ضمن مخططات الآخرين، وإذا لم تقد سفينتك بنفسك فسوف يقودها أحد بدلا عنك، وهذه السفينة هي حياتك، فبادر بكتابة أهدافك ورسالتك في هذه الحياة واجعلها واضحة وقابلة للتنفيذ، وقس قدراتك وأحلامك فلا تعطي نفسك طاقة أكبر من قدرتك، ولا تستصغر قدراتك بحيث تعطيها أقل من حجمها.

**اقرأ وتعلم :**

إن بمتابعتك للكتب النافعة وقراءتها والاستفادة منها يخلق لديك أفكارا جديدة يمكنك تطبيقها أو سوف تتعلم أشياء لم تكن تعلمها من قبل وبمواصلة التطبيق تحصل على ما تريد.

**التفكير الإبداعي:**

في واقع الأمر لا يوجد تعريف محدد جامع لمفهوم الإبداع، وقد عرفة كثير من الباحثين الأجانب والعرب على حد سواء بتعريفات مختلفة ومتباينة، غير أنها تلتقي في الإطار العام لمفهوم الإبداع، وهذا الاختلاف جعل البعض ينظر إلى الإبداع على أنه عملية عقلية، أو إنتاج ملموس، ومنهم من يعده مظهرا من مظاهر الشخصية مرتبط بالبيئة .

- **وقد عرفه أحد الباحثين العرب :** ( على أنه قدرة الفرد على الإنتاج إنتاجا يتميز بأكبر قدر من الطلاقة الفكرية، والمرونة التلقائية، والأصالة).

**وعرف آخرون التفكير الإبداعي بقولهم :**

هو " نشاط عقلي مركب وهادف، توجهه رغبة قوية في البحث عن حلول، أو التوصل إلى نواتج أصيلة لم تكن معروفة سابقا " .

**عناصر التفكير الإبداعي :**

للتفكير الإبداعي خصائص أساسية هي :

1 ـ **الأصالة :** وتعني التميز في التفكير والندرة والقدرة على النفاذ إلى ما وراء المباشر والمألوف من الأفكار .

2 ـ **الطلاقة :** وهي القدرة على إنتاج أفكار عديدة لفظية وأدائية لمشكلة نهايتها حرة ومفتوحة .

ويمكن تلخيص الطلاقة في الأنواع التالية :

**أـ طلاقة الألفاظ :** وتعني سرعة تفكير الفرد في إعطاء الكلمات وتوليدها في نسق جيد.

**ب ـ طلاقة التداعي :** وهو إنتاج أكبر عدد ممكن من الكلمات ذات الدلالة الواحدة .

**ج ـ طلاقة الأفكار :** وهي استدعاء عدد كبير من الأفكار في زمن محدد.

**دـ طلاقة الأشكال :** وتعني تقديم بعض الإضافات إلى أشكال معينة لتكوين رسوم حقيقية .

3 ـ **المرونة :** وهي تغيير الحالة الذهنية لدى الفرد بتغير الموقف .

وللمرونة مظهران هما :

**أ ـ المرونة التلقائية :** وهو إعطاء عدد من الأفكار المتنوعة التي ترتبط بموقف محدد .

**ب ـ المرونة التكيفية :** وتعني التوصل إلى حل مشكلة، أو موقف في ضوء التغذية الراجعة التي تأتي من ذلك الموقف .

4 ـ **الحساسية للمشكلات :** وهي قدرة الفرد على رؤية المشكلات في الأشياء والعادات، أو النظم، ورؤية جوانب النقص والعيب فيها .

5 ـ **التفاصيل :** وهي عبارة عن مساحة الخبرة، والوصول إلى تنميات جديدة مما يوجد لدى المتعلم من خبرات .

وإليك الخطوات التدريبية لإدراك التفاصيل وتوسيع الخبرة :

1ـ فكر في الهدف الذي تريد أن تستعمل المادة أو الخبرة التي تقوم بمعالجتها، اذكر مثال .

2 ـ اربط الفكرة التي تفكر فيها بخبراتك السابقة ( مثال ) .

3 ـ اربط الفكرة التي تفكر فيها باعتقاداتك واتجاهاتك ( مثال ) .

4 ـ فكر في استجاباتك العاطفية للمحتوى المتضمن في الفكرة (مثال) .

5 ـ اربط ما تفكر فيه بالأفراد المحيطين بك ( مثال ) .

6 ـ فكر في الأفكار التي حققتها عند قراءتك للمحتوى ( مثال ) .

7 ـ فكر في استجابات الآخرين للمحتوى الذي قرأته ( مثال ) .

8ـ اربط الاستجابات والأفكار بما يوجد لديك من مخزون معرفي (مثال ) .

9 ـ راع المعاني والخبرات المرتبطة بالمواضيع والأفكار ( مثال ) .

10 ـ فكر في تضمينات ما تم صياغته ( مثال ) .

11 ـ انظر إلى المعنى والإحساس العام، أو العلاقات المنطقية للأفكار (مثال) .

12ـ اربط المحتوى مع الفكرة التي بدأت التفكير فيها أو موضوع اهتمامك (مثال).

13 ـ اربط الكلمات المفتاحية أو المفاهيم بالأفكار ( مثال ) .

14 ـ ناقش ما توصلت إليه مع الآخرين . . . ( مثال ) .

ويسهم التفكير الإبداعي في تحقيق الأهداف الآتية لدى الطلبة :

1 ـ زيادة وعيهم بما يدور من حولهم .

2 ـ معالجة القضية من وجوه متعددة .

3 ـ زيادة فاعلية الطلبة في معالجة ما يقدم لهم من مواقف وخبرات .

4 ـ زيادة كفاءة العمل الذهني لدى الطلبة في معالجة الموقف .

5 ـ تفعيل دور المدرسة، ودور الخبرات الصفية التعلمية .

6ـ تسارع الطلبة على تطوير اتجاهات إيجابية نحو المدرسة والخبرات الصفية .

7 ـ زيادة حيوية ونشاط الطلبة في تنظيم المواقف أو التخطيط لها .

**التدرب على التفكير الإبداعي :**

إن هدف التدرب على التفكير تشغيل الذهن بطريقة أسرع مما كان عليه .

والتفكير الإبداعي يتضمن :

1 ـ النظر إلى الأشياء المألوفة نظرة جديدة .

2 ـ إبداع أفكار جديدة وأصيلة .

3 ـ معالجة القضايا بطريقة أكثر مرونة.

4 ـ تقليب الفكرة بعدة وجوه .

5 ـ تفصيل الفكرة ورفدها بمعلومات إضافية واسعة .

6 ـ إطلاق الأفكار المتعلقة بالفكرة الواحدة .

7 ـ التفكير مهارة التشغيل التي يستخدمها الذكاء في أثناء القيام بالعمل مستنداً على عامل الخبرة واعتماداً على ذلك فإنه يمكن التشبيه بالآتي :

• الذكاء ـ طاقة وقوة السيارة .

• التفكير ـ مهارة القدرة على قيادة السيارة .

• أساليب التدرب على التفكير الإبداعي :

• حاول أن تقضي بعض الوقت مع أفراد يتصفون بالفكر الإبداعي .

• اكتب أية فكرة تخطر على بالك .

• حاول أن تدرب نفسك على الفكاهة .

• افترض أن كل شيء ممكن الحدوث .

• اكتب في قائمة كل الإيجابيات عـن نفسـك، ومـا يمكـن أن تفكـر فيه نحوهـا مـن

مثل " إني أنسجم مع الآخرين بسهولة " .

- اسأل نفسك سؤال ماذا لو . . .

- ماذا لو أصبحت السماء حمراء ؟

- ماذا لو يملك الناس عيناً واحدة ؟

- ماذا لو كانت النملة أكبر من الإنسان ؟

- ماذا لو كانت البحيرة مصنوعة من شوكولاته ؟

- ابتسم، استخدم استعارات، وتشبيهات من مثل :

- الدماغ ـ كالبنك تأخذ منه بقدر ما تضع فيه .

- إن ركوب الدراجة مثل . . .

- إن التقدم إلى الامتحان مثل . . .

- إن المعدة مثل . . .

- اخترع حلولاً جديدة لمشكلات معقدة .

- العب مع نفسك لعبة " فقط افترض . . .

- إني أتيت إلى فكرة تنظيف السيارة باللبن . . .

- انتبه للأفكار البسيطة والتي يمكن أن تكون كبيرة عندما تبدأ باعتباره.

- فكر في أساليب مختلفة للتعبير عن إبداعك .

- الرسم، التصوير، الكتابة، الطبخ، لعب رياضية . . .

- دع تفكيرك يتجول فيما حولك . . .

- إذا كنت تستخدم يدك اليمنى استخدم يدك اليسرى .

- اعتمد على التقدير في قياس الأشياء التي تواجهها قبل أن تستخدم المتر أو

المسطرة أو أداة القياس .

- اجر حسابات دون استخدام الحاسوب اليدوي .

- اكتب قوائم عن الأسماء المترادفة لشيء ما، الأشياء التي تعرفها، استعمال الأدوات، وحث ذاكرتك على ذلك .

- تخيل ذهنك مثل البيت المغلق، وأنك تحمل المفتاح في القفل أدره ..

**مناحي التفكير الإبداعي :**

مما لا شك فيه أن الإبداع متعدد الأوجه والجوانب، ويمكن النظر إليه من خلال أربعة مناح هي :

1- مفهوم الإبداع على أساس الفرد المبدع ( creativ person ) : ويعني " المبادأة التي يبديها الشخص في قدرته على التخلص من النسق العادي للتفكير باتباعه نمطا جديدا من التفكير " .

2 - مفهوم الإبداع على أساس الإنتاج ( product ) : وهو أن الإبداع عبارة عن " ظهور لإنتاج جديد نابع من التفاعل بين الشخص وما يكتسبه من خبرات " .

3 ـ مفهوم الإبداع على أساس أنه عملية ( process ) : ويقصد به أنه " عملية تتضمن معرفة دقيقة بالمجال وما يحتويه من معلومات أساسية، ووضع الفروض، واختيار صحة هذه الفروض، وإيصال النتائج إلى الآخرين ".

4 ـ مفهوم الإبداع بناء على البيئة ( environment ) : ويقصد بذلك " البيئة التي تساعد وتهيئ إلى الإبداع جميع العوامل والظروف المحيطة بالفرد التي تساعد على نمو الإبداع .

وتنقسم هذه الظروف إلى قسمين :

أ ـ ظروف عامة ترتبط بالمجتمع وثقافته .

ب ـ ظروف خاصة ترتبط بالمناخ المدرسي .

**مراحل العملية الإبداعية :**

إن العملية الإبداعية عبارة عن مراحل متباينة تتولد في أثنائها الفكرة الجديدة، وتمر هذه العملية بمراحل أربع هي :

1 ـ مرحلة الإعداد : وفي هذه المرحلة تحدد المشكلة وتفحص من جميع جوانبها، وتجمع حولها المعلومات والمهارات والخبرة من الذاكرة، ومن القراءات ذات العلاقة .

2 ـ مرحلة الاحتضان : وفيها يتم التركيز على الفكرة، أو المشكلة بحيث تصبح واضحة في ذهن المبتكر، وهي مرحلة ترتيب الأفكار وتنظيمها .

3 ـ مرحلة الإلهام : وتتضمن هذه المرحلة إدراك الفرد العلاقة بين الأجزاء المختلفة  للمشكلة .

4 ـ مرحلة التحقق : وهي المرحلة الأخيرة من مراحل تطوير الإبداع، وفيها يتعين على الفرد المبدع أن يختبر الفكرة المبدعة، ويعيد النظر فيها، ويعرض جميع أفكاره للتقويم، وهي مرحلة التجريب للفكرة الجديدة المبدعة .

**الجوانب الأساسية المكونة للظاهرة الإبداعية**

اختلف العلماء في تعريفهم للإبداع فبعضهم يقصد بالإبداع القدرة (Ability) على خلق شيء جديد أو مبتكر، بينما يقصد آخرون أنه العملية (Process ) أو العمليات السيكولوجية التي يتم بها خلق و ابتكار الشيء الجديد ذي القيمة العالية، و يرى فريق ثالـث أن الإبداع ينشأ عـن القدرة الإبداعية و عن العملية الإبداعية التي تـؤدي في آخر الأمـر إلى إنجـاز العمـل الإبداعي بحقيقته.

يرى دونالد ماكينون ( Mackinnon ) الباحث المشهور في الإبداع أنـه لا يمكـن تحديـد مفهـوم الإبداع إلا إذا أحطنـا إحاطـة شاملـة في الجوانب أو المظاهر

المتداخلة المكونة للإبداع، و هذه المكونات هي :

1- **الإنتاج الإبداعي** : ( Creative Products ) :

هو أحد جوانب تفاعل الإنسان مع البيئة و يقاس الإبداع في أحد جوانبه بكمية الإنتاج و صوره , فالإنتاج الإبداعي محك أو مقياس للإبداع.

**و فرق دونالد تيلر** ( D.W. Taylor ) بين التفكير الإبداعي وحل المشكلات و اتخاذ القرار بناء على الإنتاج :

- فحل المشكلات هو ذلك النوع من التفكير الذي ينتج عنه حل للمشكلات.

- واتخاذ القرار فهو ذلك النوع من التفكير الذي ينتج عنه اختيار بين أساليب بديلة للفعل.

- أما التفكير الإبداعي هو ذلك النوع من التفكير الذي ينتج عنه أفكار جديدة ذات قيمة.

**ويقول تورانس** ( Torrance ) إن الطفل أكثر إبداعا من الراشد، وأكثر سنوات الطفل إبداعا هي سنوات ما قبل المدرسة و السنوات الثلاث الأولى من المدرسة، و تبدأ هذه القدرات بالتناقص بسبب زيادة المتطلبات المدرسية.

2- **العملية الإبداعية** ( Creative Process ) :

هي عملية معرفية ذهنية، حيث يكون الفرد في هذه العملية نشطا منظما للخبرات لكي يستجيب للموقف الجديد.

3- **الشخص المبدع** ( Creative Person ) :

تعددت النظرة للشخص المبدع بسبب تعدد زوايا النظر، فبعضهم يركز على الجوانب الأدائية و وآخرون على الجوانب الذهنية . و الشخص المبدع يجب أن يتميز بخصائص عقلية معرفية و خصائص شخصية انفعالية، وسنأتي إلى ذكرها

لاحقا.

## 4- الموقف الإبداعي ( Creative Situation ) :

إن تكرار المواقف الإبداعية و تعددها يسهم بإطلاق صفة المبدع على الفرد. وأيضاً الفرد يكون مبدعا في موقف، و يظهر سلوكا عادياً في مواقف أخرى، فالإبداع يرتبط بالموقف الذي تفاعل معه الفرد و يظهر حلاً غير مألوف .

## تعريفات الإبداع ( Creative Definitions )

- عمل ذهني يقوم به الفرد باستخدام قدراته للوصول إلى أفكار جديدة أو استعمالات غير مألوفة أو تفصيل خبرات محدودة إلى ملامح مفصلة.

- الإبداع هو الوحدة المتكاملة لمجموعة من العوامل الذاتية الموضوعية التي تقود إلى تحقيق إنتاج أصيل جديد ذي قيمة من قبل الفرد و الجماعة.

- الإبداع هو عملية عقلية يستطيع الفرد من خلالها الوصول إلى أفكار أو نتاجات جديدة أو إعادة ربط أفكار و نتاجات موجودة بطريقة جديدة مبتكرة.

- الإبداع هو القدرة على التعامل بطريقة مريحة مع المواقف الغامضة أو غير المحددة و إيجاد مداخل جديدة و تجريب أساليب و تطبيقات جديدة تماماً.

- الإبداع هو طريقة جديدة في حل مشكلة ما بطريقة منطقية.

## تعريف مقترح للإبداع :

نشاط إنساني ذهني راق و متميز ناتج عن تفاعل عوامل عقلية و شخصية واجتماعية لدى الفرد بحيث يؤدي هذا التفاعل إلى نتاجات أو حلول جديدة مبتكرة للمواقف النظرية أو التطبيقية في مجال من المجالات العلمية أو الحياتية و تتصف هذه المجالات بالحداثة و الأصالة والمرونة والقيمة الاجتماعية.

## القدرات المكونة للتفكير الإبداعي

- منهج التحليل العاملي (Factor Analysis)

مفهوم إحصائي نفسي يقوم على المعالجات الإحصائية المختلفة في تحليل الظاهرة النفسية و الاجتماعية للوصول إلى عناصرها و عواملها الأساسية، و هذا المنهج حدد قدرات التفكير الإبداعي كما يلي:

**أولا : الطلاقة ( Fluency ) :**

و هي القدرة على إنتاج اكبر عدد ممكن من الأفكار الإبداعية . و تقاس هذه القدرة بحساب عدد الأفكار التي يقدمها الفرد عن موضوع معين في وحدة زمنية ثابتة مقارنة مع أداء الأقران.

**أنواع الطلاقة:**

- **طلاقة الأشكال : ( Figural Fluency )** كأن يعطي الفرد رسما على شكل دائرة و يطلب منه إجراء إضافات بسيطة بحيث يصل إلى أشكال متعددة و حقيقية.

- **طلاقة الرموز أو طلاقة الكلمات : ( Word Fluency )** و هي قدرة الفرد على توليد كلمات تنتهي أو تبدأ بحرف معين أو مقطع معين أو تقديم كلمات على وزن معين باعتبار الكلمات تكوينات أبجدية، مثل: اذكر أكبر عدد ممكن من الكلمات على وزن كلمة " حصان.

- **طلاقة المعاني و الأفكار : ( Ideational Fluency )** و تتمثل في قدرة الفرد على إعطاء أكبر عدد ممكن من الأفكار المرتبطة بموقف معين و مدرك بالنسبة إليه، كأن نطلب من الفرد إعطاء إجابات صحيحة للسؤال الآتي : ماذا يحدث لو وقعت حرب نووية ؟

- **الطلاقة التعبيرية : ( Expressional Fluency )** و تتمثل في قدرة الفرد على سرعة صياغة الأفكار الصحيحة أو إصدار أفكار متعددة في موقف محدد

4- الموقف الإبداعي ( Creative Situation ) :

إن تكرار المواقف الإبداعية و تعددها يسهم بإطلاق صفة المبدع على الفرد. وأيضاً الفرد يكون مبدعا في موقف، و يظهر سلوكا عادياً في مواقف أخرى، فالإبداع يرتبط بالموقف الـذي تفاعل معه الفرد و يظهر حلاً غير مألوف .

**تعريفات الإبداع** ( Creative Definitions )

- عمل ذهني يقوم به الفرد باستخدام قدراته للوصول إلى أفكار جديدة أو استعمالات غير مألوفة أو تفصيل خبرات محدودة إلى ملامح مفصلة.

- الإبداع هو الوحدة المتكاملة لمجموعة من العوامل الذاتيـة الموضـوعية التـي تقـود إلى تحقيـق إنتاج أصيل جديد ذي قيمة من قبل الفرد و الجماعة.

- الإبداع هو عملية عقلية يستطيع الفرد من خلالها الوصول إلى أفكار أو نتاجات جديدة أو إعادة ربط أفكار و نتاجات موجودة بطريقة جديدة مبتكرة.

- الإبداع هو القدرة على التعامل بطريقة مريحة مع المواقف الغامضـة أو غـير المحـددة و إيجـاد مداخل جديدة و تجريب أساليب و تطبيقات جديدة تماماً .

- الإبداع هو طريقة جديدة في حل مشكلة ما بطريقة منطقية.

**تعريف مقترح للإبداع:**

نشاط إنساني ذهني راق و متميز ناتج عن تفاعـل عوامـل عقليـة و شخصية واجتماعيـة لدى الفرد بحيث يؤدي هذا التفاعل إلى نتاجات أو حلول جديدة مبتكرة للمواقف النظريـة أو التطبيقية في مجال من المجالات العلمية أو الحياتية و تتصف هذه المجالات بالحداثة و الأصالة والمرونة والقيمة الاجتماعية.

**القدرات المكونة للتفكير الإبداعي**

**- منهج التحليل العاملي (Factor Analysis)**

مفهوم إحصائي نفسي يقوم على المعالجات الإحصائية المختلفة في تحليل الظاهرة النفسية و الاجتماعية للوصول إلى عناصرها و عواملها الأساسية، و هذا المنهج حدد قدرات التفكير الإبداعي كما يلي:

**أولا : الطلاقة** ( Fluency ) :

و هي القدرة على إنتاج اكبر عدد ممكن من الأفكار الإبداعية . و تقاس هذه القدرة بحساب عدد الأفكار التي يقدمها الفرد عن موضوع معين في وحدة زمنية ثابتة مقارنة مع أداء الأقران.

**أنواع الطلاقة:**

- **طلاقة الأشكال :** ( Figural Fluency ) كأن يعطي الفرد رسما على شكل دائرة و يطلب منه إجراء إضافات بسيطة بحيث يصل إلى أشكال متعددة و حقيقية.
- **طلاقة الرموز أو طلاقة الكلمات :**( Word Fluency) و هي قدرة الفرد على توليد كلمات تنتهي أو تبدأ بحرف معين أو مقطع معين أو تقديم كلمات على وزن معين باعتبار الكلمات تكوينات أبجدية، مثل: اذكر أكبر عدد ممكن من الكلمات على وزن كلمة " حصان.
- **طلاقة المعاني و الأفكار :**(Ideational Fluency ) و تتمثل في قدرة الفرد على إعطاء أكبر عدد ممكن من الأفكار المرتبطة بموقف معين و مدرك بالنسبة إليه، كأن نطلب من الفرد إعطاء إجابات صحيحة للسؤال الآتي : ماذا يحدث لو وقعت حرب نووية ؟

- **الطلاقة التعبيرية** : ( Expressional Fluency ) و تتمثل في قدرة الفرد على سرعة صياغة الأفكار الصحيحة أو إصدار أفكار متعددة في موقف محدد  شريطة أن تتصف هذه الأفكار بالثراء و التنوع و الغزارة و الندرة.

- **طلاقة التداعي** :( Association Fluency ) و تتجسد في قدرة الفرد على توليد عدد كبير من الألفاظ تتوافر فيها شروط معينة من حيث المعنى و يحدد فيها الزمن أحيانا.

## أشكال مواصلة اتجاه التفكير الإبداعي:

- **المواصلة الزمنية التاريخية** : المحافظة على استمرار التتابع الزمني و التاريخي في وصف الحدث، ملتزماً بخط سير متتابع متدرج للفترة الزمنية التي يحدث وفقها الحدث.

- **المواصلة الذهنية** : قدرة الفرد على تركيز ذهنه ضمن نفس السياق منذ بداية المشكلة أو الموقف المثير و حتى الوصول إلى حل .

- **المواصلة الخيالية** : القدرة على متابعة سير المشكلة ذهنيا و توضيح العلاقة بين عناصرها.

- **المواصلة المنطقية** : المحافظة على المنطق في خطوات السير والمراحل.

## مراحل التفكير الإبداعي

### أولاً : مرحلة العمل الذهني ( Mental Labour )

الاستغراق و الاندماج العميق في المشكلة حيث إشغال الذهن بالمشكلة أو بالموقف المثير الذي يتعرض له الفرد.

### ثانياً : مرحلة الاحتضان( Incubation )

يتضمن هذه المرحلة من التفكير الإبداعي تنظيم المعلومات و الخبرات المتعلقة بالمشكلة و استيعابها و بعد ذلك استبعاد العناصر غير المتعلقة بالمشكلة،

وذلك تمهيداً لحالة الإبداع أو الظهور بحالة فريدة، و يمكن لهذه المرحلة أن تدوم لفترة قصيرة أو طويلة و قد يظهر الحل فجأة دون توقع.

ثالثاً : مرحلة الإشراق أو الإلهام( Illumination )

يطلق على التفكير في هذه المرحلة بمرحلة الشرارة الإبداعية (Creative  Flash ) أو الإلحاح أو الحث الإبداعي . ( Creative Induce ) و في هذه المرحلة يقوم المبدع بإنتاج مزيج جديد من القوانين العامة تنتظم وفقه العملية الإبداعية، وتكون النتائج بعيدة عن التنبؤ حيث تظهر الأفكار و الحلول لهذا المستوى و كأنها انتظمت تلقائيا دون تخطيط و بالتالي تتوضح العمليات والأفكار الغامضة وتصبح شفافة و تظهر لدى المبدع على شكل مسارات محددة واضحة المعاني .

رابعا : مرحلة الوصول إلى التفاصيل ( Elaboration Access ) وتنقية الأفكار ( Refinement of an Idea )

الحالة التي تتملك الفرد بعد وصوله إلى مرحلة إشراق الحل تُتبع بحالة توليد استثارة جديدة لحل آخر جديد أو توليد مشكلة في جزء من الحل  للوصول إلى حل أكثر تقدماً و إبداعاً . لذا فالمبدع لا يستقر في حالة انفعالية ثابتة لسعيه المتواصل عن الحل، حيث يمثل ذلك تنقية للأفكار والخطوات و المظاهر بهدف الوصول إلى صورة يرضى عنها المبدع.

علاقة التفكير الإبداعي بعدد من المتغيرات

- علاقة التفكير الإبداعي بالذكاء:

الذكاء قدرة عامة ناتجة عن التفاعل بين الوراثة و البيئة و تساعد الفرد على التعلم و حل المشكلات . أما التفكير فهو عبارة عن المهارة التي يُمارس الذكاء من خلالها.

من الأجناس التي أخذها آدم عليه السلام معه ؟

عند الإجابة يقوم الدماغ بعملية البحث في ثناياه وحتى تكون الإجابة دقيقة يجب أن تحدد المطلوب بدقة فهذا يسهل عملية البحث فالمعلومة التي يسأل عنها موجودة وكلها مرتبطة بسيدنا نوح وليس آدم إلا أن عدم فهم السؤال أو عدم قراءته بدقة والتسرع في الإجابة يعود إلى الخطأ في الفهم والاستيعاب.

## خصائص التفكير الإبداعي

- أصيل يندر وجوده ويقل تكراره في سياقات مختلفة.

- يتصف بالمرونة والاستقلالية والضبط الذاتي.

- يعكس الاهتمامات المتنوعة.

- يسعى نحو التقصي والاستكشاف.

- يتضمن عمليات عقلية عليا من التفكير.

- التلقائية والدافعية الذاتية.

- متعدد الأفكار ومتدفق.

- التنوع والقدرة على معالجة مجموعة كبيرة من الأفكار.

- استند إلى أدلة وبراهين.

- يعكس قدرة على صياغة فرضيات، العلاقة بين السبب والنتيجة.

## خصائص الطلاب المبدعين:

إن معرفتنا بخصائص الطلاب المبدعين تساعدنا في اكتشافهم وتحديـدهم وتمييـزهم عـن غيرهم وبالتالي توفير أفضل الفرص التربوية والتعليمية المناسبة لتنمية قدراتهم وبلورة شخصيات منتجة متكيفة لديهم.

وقد صنفت هذه الخصائص في بعدين : البعد العقلي المعرفي والبعد الشخصي الانفعالي.

## أولا : الخصائص العقلية المعرفية:

القـدرة العقليـة العامـة، القـدرة الأكاديميـة المتخصصـة، سرعـة البداهـة وتعدد الأفكـار والإجابات، القدرة العالية في التحليل والتركيب والتقويم، استخدام البراهـين والأدلـة في اتخـاذ القرارات، البحث عن العلاقة بين السبب والنتيجة، سعة الإدراك وطرح الأبدال المختلفـة لحل مشكلة ما، القدرة على إصدار الأحكام غير المعتمدة على معايير مألوفة، الحكـم عـلى الأفكار أو المواقف أو الظواهر بعد دراستها وتقويمها، الخلفية الواسعة في الحقول المعرفية المتعددة، كـثرة القراءة، المرونة الإدراكية الانفتـاح العقـلي، البراعـة والإتقـان في معالجة المشكلات، القدرة عـلى البحث والاستقصاء، الاهتمام بالمعاني والعلاقات وتوظيفها أكثر من المعلومات ذاتها، مرونة التفكير وأصالته، الطلاقة الفكرية، القدرة على الإضافة والزيادة للمشكلات التي يبحثها.

## ثانيا : الخصائص الشخصية والانفعالية:

الدافعية الكبيرة للإنجاز والسعي الدائم للإضافة الجديدة، الرغبة في بحـث المشكلات المعقدة الصعبة، الرغبة في اقتحـام المجهـول والغـامض، الميـل الواسـع للاطلاع والمثابرة في العمـل، القدرة عـلى الاحتمال والصبر في معالجة المواقف الغريبة، ارتفاع مستوى القلق فوق المتوسط، تحمل الأخطاء وعـدم الخـوف مـن

الوقوع في الخطأ، الرغبة في تقبل التعقيدات والشكوك الموجودة من حوله، الانطواء والانعزالية، التنوع في التعبير عن الانفعالات، الاعتماد على النفس والاستقلالية، التنافس، الاندفاعية، الثقة بالنفس، الديناميكية والتفاعل النشط مع المواقف والظواهر، الرغبة في التحدي، عدم الانزعاج من الرفض الاجتماعي، الاستقلالية والتحرر النسبي من القيود الاجتماعية.

## العوامل المؤثرة في التفكير الإبداعي

### - الوراثة والإبداع

الوراثة تزود الفرد بالإمكانيات التي تتيح له فرص الإفادة منها لو توافرت له وفق مجالات معينة، فالوراثة متطلب أساسي للإبداع ويمكن أن يكون الإبداع كامنا لا يظهر إذا لم تحثه عوامل بيئية.

لذا يمكن القول إن كل فرد مبدع بطبيعته ولديه القدرة على الإبداع وإن ظاهرة قدرات التفكير الإبداعي موزعة توزيعاً طبيعياً مثل أي ظاهرة أخرى إذا لم تعوق أو تحد بفعل مؤثر.

### - البيئة والإبداع:

البيئة أحد العناصر المحددة لظهور الإبداع ويقال الإنسان ابن بيئته أي أن الفرد المبدع هو أحد نتائج تفاعله مع بيئته ومجتمعه، لذلك يفترض أن البيئة وتعدد عناصرها وغنائها ينمي الإبداع، أما البيئة الخالية من المثيرات فهي تبقي على الإبداع مخفيا، وكذلك البيئة ذات المثيرات المزعجة كالمقاهي والحفلات والفصل المزعج مثلا ففي هذه الحالات لا يظهر الإبداع. إما البيئة المناسبة للإبداع فهي التي تشتمل على مثيرات لا تشوش على التفكير بل تنميه كالسير بقرب شاطئ البحر أو ضفة النهر أو بين الجبال والسهول...

## الأسرة كأحد متغيرات البيئة المؤثرة في الإبداع

يتلقى الطفل في الأسرة من الخبرات ما يعده للاستجابة بطريقة إيجابية أو سلبية للخبرات القادمة في حياته، وينشأ عن علاقة الطفل بوالديه وإخوته اتجاهات وقيم تصبح أساسا لعلاقته بزملائه الآخرين . وللوالدين دور مهم فهم يلعبان كنماذج ذهنية واجتماعية ومخططين ومنظمين ومستمعين ومعززين ومشجعين لقدرات وأساليب تفكير الطفل الإبداعي، ويكون ذلك في أسرة يسودها جو الحب والأمن والدفء العاطفي والتقبل.

## طرق التدريب على التفكير الإبداعي:

تصنف الطرق المستخدمة في التدريب على التفكير الإبداعي إلى فئتين: طرق فردية وطرق جماعية.

**أولا : الطرق الفردية في التدريب على التفكير الإبداعي :**

1- **تمثيل الأدوار** ( **Role Playing** ) يقوم الطالب باختيار دور ما لشخصية معينة تتفق وقدراته وميوله الإبداعية ويترك للطالب الحرية التامة في التعبير عن آرائه وأفكاره حول تلك الشخصية . وميزات هذه الطريقة:

- تكسب الفرد مهارة البحث المنظم والتفكير الناقد والقراءة الناقدة .
- تنمي لدى الفرد مهارات الاتصال الفعال من خلال قدرته على التعبير عن آرائه.
- تدرب الفرد على التعبير عن آرائه بحرية وتلقائية دون خوف أو رهبة.

2- **حصر الصفات أو ذكر الصفات**( **Attributes Listing** ) تعتبر هذه الطريقة من أقدم الطرق، ابتكرها كرفوود 1954، وتهدف إلى تدريب الطلاب على تعديل الأشياء وتطويرها والخروج بنتاجات جديدة، وإجراءات هذه الطريقة:

- اختبار الشيء أو الموضوع أو الفكرة المراد تطويرها من قبل المعلم مع تحديد كافة صفاتها وعناصرها والعلاقات بينها ثم يطلب من الطالب تحديد جميع الاقتراحات أو الاحتمالات أو الأبدال اللازمة لتعديل أو تطوير ذلك الموضوع

- إعطاء الطالب حرية كاملة في طرح كافة أفكاره ولا يُسمح لمعلمه أو زملائه بنقده أو تقييمه إلا بعد أن ينتهي من سرد جميع أفكاره.

3- **طريقة القوائم** ( Checklists ) تقوم هذه الطريقة على طرح مجموعة من الأسئلة بحيث يتطلب كل سؤال منها إجراء تعديل أو تغيير من نوع معين في موضوع أو شيء أو فكرة ما، كإحداث تغيير في الشكل أو اللون أو الحركة أو المعنى أو الرائحة أو التركيب أو الترتيب وغيرها . ومن أمثلتها:

- تتصف هذه اللوحة بعدم انسجام ألوانها، ما الألوان التي تقترحها لتحقيق التناسق ؟

- يعتبر شكل هذه اللعبة خطرا على الطفل، كيف تقترح أن يكون شكلها ليحقق الأمن للطفل ؟

4- **التحليل الشكلي (المظهري)** ( Morphological Analysis ) ابتكر هذه الطريقة زوبكي 1958، وتهدف إلى تدريب الفرد على حل المشكلات بطريقة إبداعية باستخدام الإجراءات التالية:

- وضع الفرد أمام مشكلة أو هدف ما للوصول إلى حل إبداعي له.

- قيام الفرد بتحديد المشكلة.

- تحليل المشكلة إلى عناصرها الأساسية.

- تحليل العناصر الأساسية إلى عناصر ثانوية.

- تحليل العناصر الثانوية إلى عناصر فرعية.

- إيجاد العلاقات المتداخلة بين العناصر ككل للوصول إلى نتاجات جديدة.

تنمية التفكير الإبداعي:

- عوامل تنمية التفكير الإبداعي

1- البيئة الغنية ثقافياً وعلميا وتقنياً

والمقصود أن تكون بيئة الأسرة مليئة بالميزات البيئية التي تقود الفرد إلى خبرات معرفية يراكم عليها الفرد في مراحل حياته اللاحقة، وهذا لا ينفي خروج مبدعين من أسر غير غنية ثقافيا وعلميا وتقنيا فالمجتمع يعوض النقص في الأسرة.

2- الدافعية

المقصود هنا دافعية الفرد نحو التعلم وهي محركات داخلية للسلوك وظيفتها تحريك السلوك نحو الهدف حتى تحقيقه.

3- .مخزون الذاكرة

سعة المخزون اللغوي يزيد من عمليات التفكير، ناقش العبارة: قد نستطيع الحصول على حقائق دون التفكير ولكن لا نستطيع التفكير دون حقائق.

4- طبيعة التفاعل الاجتماعي الذي يعيشه الفرد

التفاعل الاجتماعي قد يكون عامل تنمية أو معيق فهناك أثر لبيئة العمل أو المدرسة ورفاق العمل والمدرسة والضغوطات الاجتماعية المتمثلة في العادات والتقاليد.

5- ممارسة النقد البناء

إذا امتلك الفرد مخزوناً كبيراً من المعارف والخبرات وامتلك مهارات واستراتيجيات التفكير وحل المشكلات سيكون قادراً على ممارسة النقد البناء وبالتالي يوجه هذا النقد باتجاه مسائله لإبراز نقاط الضعف فيها وتقديم الأبدال.

أثر وسائل الإعلام في تنمية التفكير الإبداعي:

- عرض أعمال وأفكار الشخصية المبدعة.

- وجود معارض للأعمال الإبداعية.

- عرض نماذج من حياة المبدعين.

- وجود برامج تدرب على التفكير الإبداعي.

- التلاحم بين الثقافات.

## تنمية التفكير الإبداعي في المدرسة

### أولا : دور مدير المدرسة

1- إعداد وسائل سمعية وبصرية لخدمة الأهداف التربوية الإبداعية المحددة.

2- الـدعوة إلى تبسـيط لغـة درس أو وحدة أو إعادة صـياغتها حتـى تخـدم الأهـداف التربويـة الإبداعية.

3- تهيئة الفرص لبناء نصوص أو فقرات تـثري نصوص الكتـاب المقرر أو الاعـتماد عـلى صفحات الصحف والمجلات لتثير لديهم خبرات تفكير تثير لديهم أنماطاً تفكيرية إبداعية.

4- الإسهام في بناء تدريبات وتأليفها وتمارين تسهل عملية الفهم والاستيعاب والتطبيق في البدايـة ثم تقديم تدريبات تتطلب التحليل والتركيب لافتراض أنها عمليات تفكير إبداعي.

5- المساهمة في إضافة أو حذف أجزاء أو مقاطع أو دروس أو كتـب مقـررة بهـدف تقليـل المـواد والخبرات الروتينية التي تشجع التلقـين وتعطـل الـذهن وتـؤدي إلى الشـعور بالملل والسـآمة واستبدالها بمواد وخبرات تستثير التفكير الإبداعي.

6- المساهمة في تعديل وتنظيم سياق فقرات منهاج ليكون أكثر ملاءمة وتلبية للحاجات الإبداعية .

7- المساهمة في تحليل الكتاب المدرسي أو نصوص معينة للوقوف على محتواها لمساعدة المعلمين على التخطيط المنظم المترابط وتيسير تعلمها وجعلها أكثر ملاءمة للأهداف الإبداعية.

8- المساهمة في تبسيط الأهداف التربوية العامة وتحليلها لأهداف تعليمية مرحلية في تطوير القدرات الإبداعية.

9- مساعدة المعلمين على وضع خطط علاجية لتحسين عمليات التفكير والتعلم لدى الطلبة ونقلهم من عمليات ذهنية بسيطة إلى متقدمة.

10- توفير المواد الخام والتجهيزات الضرورية المناسبة وتهيئة جو من الحرية والتفاعل المفتوح بين الطلبة والمعلمين وإدارة المدرسة.

ثانياً: دور المعلم

مهارات التعليم الإبداعي ( Skills of Creative Thinking )

- **الإدارة** : ( Managing ) فالمعلم يضبط البيئة الصفية ويحترم أفكار الآخرين.

- **العرض** : ( Presenting ) عرض المادة التعليمية بطريقة منظمة تستدعي استجابة المتعلمين.

- **الأسئلة** : ( Questioning ) طرح أسئلة تثير تفكير المتعلمين وتمكنهم من رصد الأبدال.

- **التصميم** : ( Designing ) التصميم الشامل والمتنوع للدرس يجعل التعلم منتبها.

- **إجراء الأنشطة** : ( Running Activities ) تزويد المتعلم بأنشطة تجعله يطور إبداعه.

- **الربط** : ( Relating ) معالجة اهتمامات الطلبة بطريقة أصيلة إبداعية.

## إجراءات في التعليم الإبداعي

- عرض نماذج لمبدعين قديما وحديثا.

- إعطاء المتعلم الوقت الكافي للاستجابة.

- الإعداد الجيد للأنشطة.

- الاهتمام بالأفكار غير المألوفة وليس بجودتها وعدم التعليق عليها.

- قدم نفسك نموذجا للإبداع، كأن ترتدي لباساً غير مألوف أو تقوم بعمل غير اعتيادي مثلا.

- علم المتعلمين عن الإبداع والقدرة على الحصول على أبدال.

- التحدث عن الإبداع كأنه شيء جيد وسرد القصص الشائقة عنه.

## ثالثا: الجو المدرسي

لتكون مدرسة للمبدعين يجب أن توفر ما يلي:

- مواداً ومعلومات دراسية تتصف بالتنوع والدقة وسلامة العرض والأسلوب لأنها تشكل أساس الإبداع.

- جواً مدرسياً يسوده الحب والتشجيع والحرية بين الطلبة المعلمين والعاملين في المدرسة.

- جو تفاعل بين المدرسة والمجتمع من أجل تطوير معارف وقدرات الطلبة وخاصة فيما يتعلق بميول الطلبة واتجاهاتهم.

- أن تتحول اللجان المدرسية من لجان مظهرية إلى لجان عملية واجتماعية وعلمية وواقعية فاعلة تظهر إبداعات الطلبة.

- أن تتيح المدرسة للطلبة فرص التحول من أفكار تقليدية إلى أفكار إبداعية مثيرة.

## معيقات التفكير الإبداعي:

- التقويم المتوقع : الأفراد الذين يركزون على كيفية تقويم إنتاجهم يكون مستوى إبداعهم أدنى من الأفراد الذين لا يعيرون بالا لذلك.

- المكافأة : الأفراد الذين يقومون بمهمات مقابل مكافأة أقل إبداعا من الأفراد الذين يقومون بمهمات دون مقابل بسبب الدافع الذاتي.

- المراقبة والإشراف : الأفراد الذين يشعرون أنهم موضع مراقبة أقل إبداعا من الأفراد الذين لا يشعرون بذلك.

- المنافسة : الأفراد الذين يشعرون بتهديد مباشر ومنافسة لهم من الآخرين أقل إبداعا من الأفراد الذين لا يعيرون بالا للمنافسة.

- الاختيار المقيد : الأفراد الذين يقومون بمهام محددة ومقيدة بشروط معينة أقل إبداعاً من الأشخاص الذين يقومون باختيار المهام وبالكيفية المناسبة.

- عوامل اجتماعية : كالفقر وما ينجم عنه من سوء التغذية وتردي الأوضاع الصحية، وبعض الممارسات السائدة في المجتمع كالتسلط وكبت الحريات.

- أساليب التدريس التقليدية : حيث الدور السلبي للطالب.

- التركيز على كم المادة المقررة دون الكيف.

- ضعف الإمكانيات المادية : قلة الوسائل المعينة والمواد الخام الضرورية للإبداع والظروف الصعبة في المدرسة بشكل عام.

- اتجاهات الإدارة والمعلمين تجاه المبدعين : تعتبر الإدارة الفاشلة عقبة أمام الطلبة المبدعين وكذلك المعلم غير الكفء.

- تكليف الطالب بمهام احتمالية فشلها عالية.

- إظهار أو إضمار العقوبة على تساؤلات المتعلمين.

- الخروج عن المألوف لا يقبله الآخرون.

## قياس التفكير الإبداعي:

### 1- اختبارات تورانس للتفكير الإبداعي

Torrance Test of Creative Thinking  TTCT

ظهرت في الولايات المتحدة الأمريكية في أواخر الستينات وهي تستخدم في قياس القدرة على التفكير الإبداعي لدى الطلبة بأكثر من واسطة .

فهناك الصورة اللفظية للاختبار والصورة الشكلية، أما الصورة اللفظية: فتتألف من سبعة اختبارات فرعية كل واحد منها بمثابة نشاط فرعي فهو يتطلب من المفحوص كتابة أسئلة ووضع تخمينات للأسباب أو النتائج أو تحسين إنتاج واقتراح أبدال ووضع فرضيات لمواقف غير متوقعة وكل هذه الأبدال تنطوي على إبداع وتفكير أصيل.

أما الصورة الشكلية فهي تتألف من ثلاثة اختبارات كل منها بمثابة نشاط يتطلب من المفحوص رسم موضوع على خط مقفل أو مفتوح أو على خطوط ناقصة لكن هذه الموضوعات كلها من النمط غير المألوف هناك صور معربة لاختبارات تورانس تتمتع بدرجة من صدق وثبات مقبولة .

ويمكن تطبيق اختبارات تورانس بشكل فردي أو جماعي على جميع المستويات العمرية مع إمكانية استخدام الصورة اللفظية مع الأشخاص دون الصف الرابع على أن يتم تطبيقه بصورة فردية في تلك الحالة.

### 2- مقاييس السمات ( Behavioral Characteristics ) :

أبرزها تلك التي طورها الأمريكي رينزولي (Renzuli) ورفاقه في أواخر السبعينات وقد جرى تصميمها للحصول على تقديرات المعلمين لسمات طلبتهم في مجالات التعلم والدافعية والإبداعية والسمات القيادية والبراعة الفنية والموسيقية والفنون المسرحية وسمات الاتصال وسمات التخطيط.

3- اختبار إيرابان وجلين للتفكير الإبداعي:

في الفترة (1984 _ 1993 ) تم تطوير اختبار جديد للتفكير الإبداعي قام به في جامعة هانوفر البروفيسور كلاوس إيربان وهانز جلين وسمي الاختبار  ( اختبار التفكير الإبداعي - إنتاج الرسوم ( Test of Creative Thinking – (Drawing Production ) غير متوافر بالعربية وتحاول مجموعة من الباحثين العرب تعريبه وتقنينه ليكون صالحاً للبيئة العربية.

# عملية التعلم الإبداعي

## تمهيد :

لم تعد عملية التعلم تهدف إلى اكتساب الطلبة مجموعة من المعارف والمهارات والاتجاهات بقدر ما تهدف إلى تعديل وتغيير شامل وعميق لسلوك المتعلمين ليصبحوا أكثر قدرة على استثمار كل الطاقات والإمكانات الذاتية استثمارا ابتكاريا وإبداعيا وخلاقا إلى أقصى الدرجات والحدود .

كما أن الهدف التربوي من كل الجهود التي يبذلها المعلم هو توفير الإجراءات والشروط التي تؤدي إلى حدوث تعلم فعال لدى طلبته، ولا شك أنه يشعر بالرضا والسعادة حين يلاحظ ظهور تغيرات سلوكية إيجابية لدى هؤلاء الطلبة تتفق وتنسجم مع الأهداف التربوية المنشودة للعملية التربوية بشكل عام .

## مفهوم التعلم :

يقصد بالتعلم : " حدوث تغييرات سلوكية تتصف بالثبات النسبي لدى الفرد كنتيجة للخبرات التي يمر بها " .

## خصائص التعلم الإبداعي :

عندما نتحدث عن التعليم الإبداعي فإننا نستبعد ذلك التعلم الشكلي القائم على حفظ المعلومات، والحقائق والمفاهيم والمبادئ والقوانين، واستظهار هذه المعلومات بغض النظر عن انعكاسات هذه المعلومات على شخصية المتعلم، أو فائدتها العلمية، أو تطبيقاتها الحياتية، وعلى ضوء ما سبق يمكننا رصد **الخصائص الأساسية لعملية التعلم المطلوب :**

1ـ التعلم الإبداعي : وهو التعلم الذي يستجيب لأنماط التغير الخاصة بالطالب، والتي ترتبط بالخصائص العقلية النمائية له .

2ـ التعلم الإبداعي : هو التعلم ذو المعنى بالنسبة للمتعلم، وذلك يعني ارتباطه بحاجات حقيقية للمتعلم، سواء أكانت حاجات جسمية، أم عقلية، أم اجتماعية، أم نفسية، أم روحية، وعليه فالتعلم لا بد أن يكون ذا معنى .

3 ـ التعلم الإبداعي هو التعلم القائم على الخبرة، سواء أكانت خبرة مباشرة حقيقية، أم خبرة غير مباشرة، وكلما كانت الخبرة أقرب إلى الواقع كان التعلم أكثر فاعلية، واكثر بقاء، وأقل نسيانا، وأسرع في حدوثه، وأقل في الجهد المطلوب له .

4 ـ التعلم الإبداعي هو التعلم القابل للاستعمال في الحياة مما يجعله أكثر فاعلية .

5ـ التعلم الإبداعي هو التعلم الذي يتناسب وإمكانات كل فرد وقدراته واتجاهاته الذاتية.

6ـ التعلم الإبداعي هو التعلم الذي يتضمن معلومات ومهارات واتجاهات قابلة للبقاء .

7 ـ التعلم الإبداعي هو التعلم القائم على العمل والموجه نحو الحياة ويساعد الطالب على تطوير مهارات العمل المنتج والقيم الاجتماعية الأصلية وتبنيها .

8 ـ التعلم الإبداعي هو التعلم الذي يؤدي إلى تطوير التفكير الإبداعي لدى الفرد .

9 ـ التعلم الإبداعي هو التعلم الذي يجعل من المتعلم محوراً ومركزاً له .

10ـ التعلم الإبداعي هو التعلم الذي يطور علاقات تعاونية بين الطلبة وينمي بينهم روح العمل التعاوني وقواعده .

11ـ التعلم الإبداعي يتصف بالمرونة والاتساع، وتقوم هذه الخاصية على أساس الإيمان بالتغير الدائم في جميع جوانب الحياة .

12 ـ التعلم الإبداعي هو التعلم المستمر الذي يستمر باستمرار الحياة .

13 ـ التعلم الإبداعي هو التعلم المتكامل الذي يستهدف تحقيق النماء المتكامل .

14ـ التعلم الإبداعي هو التعلم الذي يربط بين الجوانب النظرية والجوانب التطبيقية العملية بصورة متكاملة .

15ـ التعلم الإبداعي هو التعلم الذي يمكن قياسه وتقويمه بهدف تحديد مداه ودرجته .

16 ـ التعلم الإبداعي هو التعلم الذي يشكل في حد ذاته معززاً ومثيراً لدافعية المتعلم للتعلم، لأن التعلم الإبداعي والجيد يبعث في المتعلم شعور النجاح والإنجاز والارتياح والبهجة .

## عوامل تنمية التفكير الناقد ( أو مهاراته ) :

هناك مجموعة من العمليات أو المهارات التي تعمل على تنمية التفكير، وتسمى أحياناً بعمليات العلم لاستخدامها في البحث عن المعرفة وتوليدها وهي :

## أولاً : الملاحظة :

وتعني أخذ الانطباعات الحسية عن الشيء أو الأشياء المعينة، وعلى المعلمين مساعدة الطلبة في استخدام حواسهم بكفاءة وفاعلية عندما يلاحظون الأشياء، مثال :عندما يقوم طلاب الصف السابع بتربية ضفدع صغير في كأس ماء مدة ستة أيام، ثم يوجه المعلم السؤال التالي : ما التغيرات التي لاحظتموها خلال الأيام السابقة على الضفدع الصغير ؟ ثم يعطي الطلبة وقتاً للمداولة والمناقشة ليعرفوا الأشياء التي كان عليهم ملاحظتها .

ثم يسأل المعلم السؤال المحدد التالي : كيف تغير الماء منذ اليوم الأول للتجربة وحتى هذا اليوم ؟ تسجل ملاحظات الطلبة ... الخ .

## ثانياً : التصنيف :

يستطيع الطلبة في مرحلة التفكير الحدسي اختيار الأشياء والأجسام الحقيقية وفقاً لخاصية معينة كاللون أو الشكل أو الحجم.

## ثالثاً : القياس :

إن التفكير بالخاصيتين من منظور كمي يقودنا إلى قياسها، والقياس يعني المقابلة بين الأشياء .

## رابعاً : الاتصال :

يعني الاتصال وضع البيانات أو المعلومات التي يتم الحصول عليها من ملاحظاتنا بشكل ما بحيث يستطيع شخص آخر فهمها . ويمكن تعليم الطلبة طرق الاتصال : كأن يرسموا صوراً دقيقة، أو أشكالاً، أو خرائط ومخططات مناسبة .

لتنمية مهارة الاتصال يطرح المعلم أسئلة معينة مثل ما الذي قاله زميلكم فلان ؟ عند إجابة الطالب الأول لسؤال أو صفة لأداة أو غير ذلك .

## خامساً : التنبؤ ( الوصول إلى الاستنتاج ) :

إن عملية الاستنتاج عبارة عن عملية تفسير أو استخلاص تنمية ما نلاحظه . ويمكن مساعدة الطلبة على الاستنتاج بالطرق التالية :

1- التمييز بين الملاحظات والاستنتاجات .

2- إعطاء الطلبة فرصة لتسجيل بيانات وقراءتها بإمعان .

3- تدريب الطلبة على الملاحظة الجيدة .

4- إتاحة الفرصة أمام الطلبة، للتنبؤ من بياناتهم .

## سادساً : التجريب :

يعني التجريب : " افعل شيئاً معيناً لترى ما يحدث " .

في التجريب يتم تغيير الأشياء أو الأحداث لنتعلم عنها أكثر فأكثر .

## سابعاً : وضع الفروض :

لإكساب الطلبة مهارة وضع الفروض، يساعدهم المعلم على تكوين الأفكار التي ينجزونها قبل معالجة الأشياء .

## ثامناً : ضبط المتغيرات :

يعني ضبط المتغيرات تغيير شرط واحد من مجموعة شروط عند إجراء تجربة ما أو دراسة ظاهرة معينة .

مثال : أثر الشمس في نمو النبات .

تقوم مجموعة من الطلبة بزراعة مجموعة من النباتات مثل : الفول، الفاصولية ... الخ، وبعد أن تنبت البذور، يسأل المعلم طلابه السؤال التالي : ما العوامل التي تؤثر في نمو النباتات التي زرعتموها ؟ ... الضوء، نوع التربة، الماء، الهواء، ... الخ .

## ثم يسأل :

ماذا نعمل حتى نعرف أثر الضوء ... نوع التربة ... الخ على النباتات التي زرعتموها ؟ تعرضها للضوء ... تسقيها بالماء ... الخ نحجب الضوء عن بعضها ... ألا نسقي بعضها الآخر ... الخ، ثم يقارن الطلاب نمو هذه النباتات مع النباتات الأخرى .

**تدريب التفكير في المواد الدراسية :**

إن تدريب مهارة التفكير يمكن أن يكون في مواد دراسية مختلفة من مثل الرياضيات، واللغة، الاجتماعيات، ودروس الفن .

ففي الرياضيات ينبغي اعتبار عمليات التفكير العليا من مثل التفكير المنطقي، ومعالجة المعلومات، واتخاذ القرار من أجل تطبيقها في العمليات والمسائل الرياضية التي يتعامل معها في المواقف الصفية .

وفي مجال اللغة، فإن التفكير واللغة مرتبطان، وأن هذه المهارة متأصلة في نشاط القراءة، والكتابة، والاستماع، والكلام، كما يرتبط نشاط القراءة بالقدرة على التحليل، والتصنيف، والمقارنة، وصياغة الفرضيات، والمراجعة، وبلورة الاستنتاجات . وأن هذه العمليات تعتبر ضرورية لعملية التفكير لدى الفرد . وأن التدريب على حل المشكلة عقلانياً، وحدسياً، هي طريقة لمساعدة الطلبة على التغلب على المشكلة بنجاح في خبراتهم التعلمية ضمن مواقف صفية ومواقف عملية خارج المدرسة .

وفي مواد الاجتماعيات لاحظ أحد الباحثين أن الصف يسوده محاولات كثيرة لنقل المعرفة، والمعرفة المحددة بالذات عن الناس، والأمكنة، والتواريخ، وبنية المؤسسة . . . الخ . وكلما زادت معرفتنا كلما ازدادت قدرتنا على اتخاذ قرارات سليمة . ولكن كهدف عام في مواد الاجتماعيات، فإن اكتساب المعرفة لا يعتبر هدفاً كافياً لتطوير برنامج أو إلهام الطلبة المحدثين .

ويقترح أحد الباحثين أيضاً في مجال تعلم المواد الاجتماعية أن التعلم يتضمن مهارة إيجاد الحقائق والذي أثبت عدم ملاءمته للحياة الحديثة . وأنه ينبغي أن يكون أكثر من مهارة إيجاد الحقائق والتي هي عمليات تفكير ذات مستوى عال، ومعرفة مفيدة، وقيم واضحة، والتي تعتبر ضرورية للطلبة لكي يكون تعلمهم فاعلاً .

أما في مجال دروس الفن فقد وصفت أحد الباحثات في مثالها " الكفاح من

أجل التمييز في التربية الفنية " ( Striving for Excellent in Arts Education ) الطرق التي يمكن أن تتطور بها مهارة التفكير في دروس الفن.

"ينبغي أن يكون الهدف من تعليم الفنون رعاية وتربية تعلم مهارات العمليات العقلية العليا خلال تدريس الفن كمادة تعليمية مركبة، وأن الطريقة التكاملية في التعليم تتضمن :

( أ ) إدراك الجمال.

(ب) أداء وتحقيق الأهداف.

(ج) النقد الفني.

(د) تاريخ الفنون .

إن بالانتباه للإدراك الجمالي يستطيع الأطفال تعلم التخيل، والنقد، ويفسرون الخصائص الحسية . وخلال التحقيق، وأداء المهارة يستطيعون تعلم ترجمة المفاهيم إلى تعابير حسية، مرئية، مسموعة، وجمالية .

وفي تطوير مهارة التفكير الناقد، يستطيعون استخلاص الخصائص، والاستدلالات عن الإنسان والمجتمع وذلك عن طريق دراسة المواد الثقافية والتاريخية التي ينشأ فيها الفن .

**التفكير والإبداع :**

هو عبارة عن سلسلة من النشاطات العقلية التي يقوم بها الدماغ عندما يتعرض لمثير عن طريق إحدى الحواس الخمسة .

**أما الإبداع بالمفهوم التربوي :** فهو عملية تساعد المتعلم على أن يصبح أكثر حساسية للمشكلات وجوانب النقص والثغرات في المعلومات واختلال الانسجام وما شاكل ذلك .

**تطبيقات عملية لتنمية التفكير الإبداعي :**

فيما يلي مجموعة من النشاطات والتساؤلات التي ترتبط بتنمية مهارات التفكير الإبداعي عند الطلبة في أثناء تعلمهم لمادة العلوم .

**نشاط رقم ( 1 ) نموذج حل المشكلة :**

**الهدف :** أن يفصل الطالب السكر عن الرمل .

**المشكلة:**إذا سقط السكر في الرمل واختلط به فكيف نفصله ونستفيد منه مرة أخرى؟

إن هذه المشكلة يمكن أن تقود الطلبة للتفكير في خصائص كل من السكر والرمل للوصول إلى فرضيات يمكن أن تشكل حلولاً لهذه المشكلة ومن الاقتراحات التي يمكن التوصل إليها :

1 ـ أن حرق الخليط يمكن أن يؤدي إلى فصل المادتين .

2 ـ أن إضافة الأحماض المعدنية قد يؤدي إلى فصل المادتين .

3 ـ أن إذابة الخليط في الماء قد تفصل المادتين عن بعضهما .

**نشاط رقم ( 2 ) نموذج الاستقصاء:**

**الهدف :** أن يحدد الطلبة شروط حدوث الاحتراق .

**الموقف المحير :** شمعة مشتعلة وضع أعلاها لولب نحاسي فانطفأت الشمعة لماذا ؟

إن هذا الموقف يتطلب من الطلبة التفكير في سبب انطفاء الشمعة رغم توافر المادة المشتعلة والأكسجين وسوف يفكرون في ثالوث الاحتراق وعناصره وصولاً إلى الافتراضات التي تحل المشكلة ومنها :

1 ـ أن اللولب النحاسي لامس الشمعة ( رأسها الملتهب ومنع عنه الأكسجين ) .

2 ـ إن اللولب منع الأكسجين ( الهواء من الوصول إلى مكان اللهب).

3 ـ إن اللولب امتص حرارة الاشتعال من الشمعة وبالتالي أنقصها فانطفأت الشمعة لأنها فقدت درجة الاشتعال .

# الإبداع والابتكار

**مقدمة :**

الإبداع والابتكار والتجديد ... عناصر أساسيّة لتطوير الحياة .

من الناس قاعدون كسالى يعيشون على جهود غيرهم . ومنهم عاملون، على درجات متفاوتة في الجد والدأب والمثابرة، لكنهم نمطيّون تقليديّون، ولا يملكون القدرة على تحسين الواقع وتقديم الجديد، فهم يكرّرون أنفسهم، ويؤدّون إلى زيادة في الإنتاج.

وإذا كان وجود القاعدين الكسالى ضارّاً بالمجتمع، فإن وجود العاملين، ولا سيّما أصحاب الجدّ والدأب ... ضروري لا تقوم الحياة من دونه .

لكن ثمّة فريقاً ثالثاً، عليه مدار التجديد والتحسين . إنه فريق المبدعين، الفريق الذي لا يكتفي بالتعامل مع ما هو موجود، ولا بتكراره والسير على الأنماط المألوفة، بل يملك النزوع نحو التغيير والقدرةَ عليه، فإذا كان تغييراً نحو الأحسن فهو الإبداع، وأصحابُه صنف نادر في الحياة، وعليه المعوّل في تحويل تيّار المجتمع نحو الأفضل .

وإذا كان وجود المبدعين مهمّاً في كل ظرف، فإنه في ظروف الضعف والركود والإحباط ... يكون وجودهم في غاية الأهمية، إذ لا مخرج من الأزمات إلا بوجود أصحاب المواهب والكفاءات المتميّزة .

حين نقرأ عن أبي الأَسْوَد الدُّؤَلي الذي بدأ بوضع قواعد النحو، والخليل بن أحمد الفراهيدي الذي استنبط بحور الشعر العربي، والإمام الشافعي الذي

وضع أول كتاب في أصول الفقـه، وابـن خلـدون الـذي أرسى قواعـد علـم الاجـتماع، وابـن الهيـثم ونظرياته في علم الضوء، وابن النفيس في اكتشافه للـدورة الدمويـة الصـغرى ... وحـين نقـرأ عـن نيوتن وغاوس وآينشتاين الذين أبدعوا في الرياضيات والفيزياء ... فإننا نتحدّث عن أنماط فريـدة، لم يكن إنتاجها مجرّد تكرار أو تجميع، بل هو تحويل للتيار، كلٌّ في ميدان عمله وإنتاجه .

وليس المراد أن يأتي المبدع بشيء جديد منقطع عما قبله، بل أن يبني على ما سبقه ويـأتي بالمزيد، ويكون إبداعه بمقدار حجم هذا المزيد ونوعه وقيمته .

ومع هذا يمكن التمييز بين إبداع كلّي وإبداع جـزئي . فالإمـام الشـافعي مـثلاً وجـد أمامـه نتاج فقهاء مجتهدين اتّبعوا قواعد معينة في اجتهادهم فكان لـه فضـل السـبق في اسـتنباط هـذه القواعد وضبطها ... ثم جاء مِنْ بعده أصوليّون تقدّموا خطوات أخرى في علم الأصول فكـان لهـم إبداعات بقَدَر، وكان له فضلٌ في إبداعٍ أعمق وأشمل .

ومثـل هـذا يقـال في الإبـداع في أي مجـال مـن مجـالات اللغـة والأدب والإدارة والسياسـة والفيزياء والتكنولوجيا والطب والصيدلة ...

**هل الإبداع والابتكار كلمتان مترادفتان ؟**

قد يعدّ الابتكار إنتاج أي شيء جديد، من حل مشـكلة، أو تعبـير فنـي . والجـدّة هنـا أمـر نسبي، فما يُعَد جديداً بالنسبة لفرد قد يكون معروفاً لدى آخـرين . والطفـل في كثـير مـن ألعابـه مبتكر أصيل، وكذا من يخترع جهازاً أو يضع نظاماً اجتماعياً أو اقتصادياً جديداً .

وأما الإبداع فهو حالة خاصة من الابتكار وذلك حين يكون الشيء الجديد جديداً على الفرد وغيره.

وكثير من الباحثين يجعل الإبداع والابتكار مترادفين، إذ العبرة بوجود السمات العقلية والنفسية التي تؤهل صاحبها للإتيان بالجديد .

ونحن سنعتمد في هذا البحث ترادف الكلمتين . فنقول : الإبداع أو الابتكار هو النشاط الذي يقود إلى إنتاج يتّصف بالجدّة والأصالة والقيمة بالنسبة للمجتمع .

## مستويات الإبداع :

وبديهي أن الإبداع على مستويات شتى، منها البسيط الذي يقدر عليه كثير من الناس، ومنها المتوسط الذي تقدر عليه قلة من البشر، ومنها العالي الذي ينتجه العباقرة .

قد تقرأ قصيدة لشاعر عادي فتجد في أحد أبياتها صورة شعرية جديدة، وقد تجد شاعراً محلّقاً يهز مشاعرك ويأخذ بأحاسيسك وأنت تحلّق معه في صور ومعانٍ وتعبيرات فائقة .

## عناصر الإبداع :

وفي تقويم أي عمل إبداعي أو شخصية مبدعة ينظر إلى توافر عناصر الإبداع الأساسية وهي : المرونة والطلاقة والأصالة، فأما المرونة فتعني سيولة المعلومات المختزنة، وسهولة استدعائها وتنظيمها وإعادة بنائها والنظر إلى المسائل من زوايا عدّة .

- وأما الطلاقة فهي غزارة الإنتاج، وسرعة توليد وحدات من المعلومات، كإعطاء كلمات تتفق مع معنى ما، أو تضاده، أو تربط جزءاً بكل .

- والطلاقة تقارب مفهوم التفكير المتشعب .

- وأما الأصالة فتعني التفرد بالفكرة . ولا يقصد بذلك أن تكون الفكرة منقطعة عما قبلها ولكن صاحبها زاد فيها شيئاً، أو عرضها بطريقة جديدة، أو وصل إلى نظرية تنتظم أفكاراً متفرقة قال بها آخرون، فالخليل بن أحمد مبدع حين استنبط قواعد الشعر التي كان يمارسها الشعراء، والإمام الشافعي أبدع في

استنباط قواعد أصول الفقه التي كانت مختزنة في عقول الفقهاء، وماندلييف أبدع في نظم جـدول التصنيف الدوري للعناصر التي كانت معظم خواصها معروفة مـن قبلـه، وفتحـي الـدرينـي أبـدع حين وضع نظرية التعسف في استعمال الحق، مع أن الفقهـاء منـذ القـديم كـانوا يحكّمـون هـذه النظرية في كثير من الأحكام ...

- وتعني الأصالةُ في النهاية أن تكون الفكرة المبدعة جزءاً من شخصية المبدع .

- والمفكرون الذين يتميزون بالأصالة هم أكثر تفتحاً، عقلياً وانفعالياً .

وبعض علماء النفس يزيد على عناصر الإبداع الثلاثة المذكورة، عناصر أخرى مثل الفائدة ( بأن يكون الشيء الجديد مفيداً للمجتمع )، والقبول الاجتماعي بأن يكون موافقاً لقيم المجتمع .

لكن مثل هذين العنصرين يبقيان محل جدل، فقد لا تدرك فائـدة الجديد إلا بعـد حين، وقد يكون هذا الشيء مفيداً في مجال وضاراً في مجـال، وقـد يكـون مرفوضـاً مـن المجتمـع اليـوم، مقبولاً غداً، أو مرفوضاً في مجتمع مقبولاً في مجتمع آخر...

مجالات الابتكار :

ومن خلال ما ذكرنا يكمن الوصول إلى أن للابتكار والإبداع مجالات شتى كـالأدب وفنونـه، والفقه وأصوله، والاقتصاد، والكيمياء، والعسكرية، وعلوم اللغة، والرسم والموسيقا ...

ولكل مجال مقاييسه وخصوصياته، وإن كانت المقاييس في الفنـون والآداب أقـل تحديـداً، وأصعب ضبطاً .

## أهمية الابتكار :

حظي الابتكار بدراسات كثيرة في النصف الثاني من القرن العشرين، فهَو، في أرفع مستوياته، من أهم الصفات الإنسانية التي تغير التاريخ، فالمجتمع لا يمكن تغييره تغييراً نوعياً عبر التخطيط، بل عبر أعمال المبدعين.

يشير كونانت conant ـ ( 1964 ) إلى أهمية المبدعين فيقول : " إن عالماً واحداً من المرتبة الأولى ( أي من المبدعين ) لا يعوضه عشرة رجال من الدرجة الثانية في العلوم . إنه لعديم الجدوى أن يسند إلى رجل من الفئة الثانية مهمة حل مشكلة من المستوى الأول " .

## هل الموهوبون هم المبدعون ؟

الموهوبون نوعان:

### - نوع يتميز أفراده بقدرات إبداعية:

ويغلب عليهم أسلوب التفكير التشعبي، أي القدرة على توجيه تفكيرهم في اتجاهات عدّة، وقد تتصادم نتائج تفكيرهم مع أعراف المجتمع وقيمه وأنظمته ... وقد لا يكونون من المتفوقين في مقاييس الذكاء العام أو مقاييس التحصيل الدراسي، وقد يصعب التعامل معهم في المؤسسات المألوفة .

### - نوع يتميز بذكاء مرتفع:

ويغلب عليه أسلوب التفكير اللامّ، أي التفكير المركّز حول مناهج دراسية، وأساليب إدارية مقررة، وقواعد أخلاقية واجتماعية سائدة .

وكلا النوعين، إذا اقترن بالدأب والجدّ والمثابرة، أو توافر فيه الدافع والمزاج، فإنه يؤدي إلى نتائج إيجابية رفيعة، إما في مجال الإبداع، وهو النوع الأول، أو مجال التفوق الدراسي وما يتبعه من النجاح في معظم المؤسسات الرسمية والخاصة ... وهو النوع الثاني .

إن الارتباط بين الذكاء العام وبين الإبداع ارتباط ضعيف . لذلك يجب البحث عن الصفات الشخصية الأخرى للمبدعين .

وإن مقاييس الذكاء، والتفوق الدراسي، والشهادات الأكاديمية ... لا تصلح لكشف القدرات الإبداعية .

**الصفات الشخصية للمبدعين**

تقوم الدراسة الإحصائية لشخصيات المبدعين على دراسة كل صفة عقلية أو نفسية من الصفات المتوقع تأثيرها، مقارَنَةً مع مجموعة ضابطة، بشرط أن يكون أفراد المجموعة الضابطة من المستوى العلمي أو التخصصي نفسه، كأن تقاس تلك الصفات لدى كيميائي مبدع وآخر عادي، وكلاهما يحمل الشهادات الدراسية نفسها، والدرجة العلمية ذاتها، وكذا تقاس لدى كاتب للقصص الخيالي مع قصاص آخر ... وهما يحملان الشهادة الدراسية ذاتها .

ونتيجة الدراسة الإحصائية تلك تبين أن هناك زمرتين من الصفات الشخصية للمبدعين : الصفات العقلية، والصفات النفسية والمزاجية .

**1. الصفات العقلية :**

أساس الإبداع هو التفكير التباعدي أو التشعبي، وعناصره الأساسية ثلاثة هي : المرونة والأصالة والطلاقة . وهنا نستعرض عوامل وجوده . فأهم عوامل وجوده العقلية هي :

**1) الذكاء :**

قد يبدو أن الذكاء الحاد والإبداع متلازمان ! والحقيقة أن الارتباط بينهما ليس كما نتصور، والعلاقة بينهما تحتاج إلى توضيح وتفصيل . إذا اعتبرنا الذكاء قدرة عقلية عامة فهو يختلف عن الإبداع، وإن كان يرتبط به، لأن الإبداع عملية أكثر تحديداً وأكثر خصوصية من الذكاء، كما أن الإبداع ليس جزءاً من الذكاء وإن كان مرتبطاً به .

فقد تبين بالاستقراء والملاحظة والبحث العلمي أن الأذكياء جداً ليسوا مبدعين دائماً، وأن المبدعين ليسوا دائماً من الأذكياء جداً، فمن يحصل على علامات مرتفعة جداً في روائز الذكاء ليس دائماً من المبدعين، وكذلك لم يحصل المبدعون على الدرجات العالية جداً في روائز الذكاء .

مع هذا كله، وُجدت علاقة بين الذكاء والابتكار في المستويات العليا جداً، وعندئذ يجتمع الاتزان النفسي، والاستقامة السلوكية والنتائج العبقرية، وهو ما كان عند أئمة وقادة عظام كأبي بكر وعمر، وخالد والمثنى، وأبي حنيفة والشافعي، وأبي الأسود الدؤلي والخليل، والشاطبي وابن خلدون، وحسن البنا وسيد قطب ...

ويبدو أنه عندما لا يكون للذكاء أهمية ظاهرة في عملية الابتكار فإن خصائص الشخصية الأخرى، النفسية والمزاجية، تتدخل بشكل حاسم . الذكاء شرط للإبداع، فلا بد من حد أدنى مقبول لحدوث الإبداع، فإذا تحقق هذا الشرط فإن الإبداع يتوقف على عوامل أخرى عقلية ونفسية ولابد من ملاحظة اختلاف هذا الحد الأدنى للذكاء بين ميدان وآخر من ميادين الإبداع .

مثلاً : لوحظ أن درجة الذكاء المطلوبة في الإبداع التقني، كاختراع الأجهزة، درجة قليلة نسبياً بالقياس إلى الدرجة المطلوبة في العلوم الفيزيائية والرياضية .

وكذلك فدرجة الذكاء المطلوبة في الإبداع الأدبي درجة عالية نسبياً أمام الدرجات المطلوبة في ميادين الإبداع التعبيري الأخرى كالرسم والتمثيل، وأمام الدرجات المطلوبة في الإبداع العلمي والتقني.

**2) الحساسية للمشكلات :**

والمراد منها حساسية الفرد لوجود مشكلة تثير التفكير تتطلب حلاً . وفي الإبداع العلمي خاصة يتوقف نجاح الفرد إلى حد كبير على قدرته في طرح الأسئلة، وعلى نوع هذه الأسئلة.

وكثير من هذه المواقف لا يجد فيه الإنسان العادي مشكلة، بينما يرى فيه آخرون مشكلة، وذلك لاختلاف معايير كل إنسان وموازينه وطريقة تفكيره ومستوى هذا التفكير، واهتماماته ودوافعه .

**3) درجة التعقيد التي يمكن للفرد أن يتعامل معها :**

وهي قدرة الفرد على توجيه فكره في أكثر من اتجاه في الوقت نفسه (أي قدرته على التفكير التشعبي أو التباعدي )، وهو أمر تزداد صعوبته كلما ازداد عدد العناصر التي يتعامل معها العقل أثناء التفكير .

**4) قدرة الفرد على التقويم المناسب للأفكار :**

يجب أن تكون الأفكار صالحة ومقبولة حتى تكون مفيدة، وإذا غاب التقويم كانت الأفكار محتوية على جزء كبير غير مناسب، وصَرْف الجهد العقلي في معالجة هذا الجزء تضييع للوقت، وتعويق للإبداع. لكن درجة الضبط يجب ألا تكون كبيرة بحيث تؤثّر على عناصر الإبداع الأساسية (المرونة والطلاقة والأصالة) وإلا كانت جموداً وعُقْمَ تفكير، وقد تمنع الفرد من التفاعل مع العناصر بشكل أصيل . وإن مشكلةَ أن يكون التقويم سبباً في تعويق الدماغ، كانت عاملاً في ظهور طريقة خاصة في تدريب الإبداع سمّيت ( العصف الذهني ) .

**2. الصفات النفسية والمزاجية :**

من أبرز الصفات النفسية عند المبدعين صفة الاعتماد على النفس والثقة الزائدة بها، والتحفظ والعزلة ورقة القلب والحساسية والتفكير المستقل، والبصيرة النفسية، وضعف الأنا الأعلى ( أي الانتساب إلى المجتمع).

الابتكار - بعكس الكفاءة في الأعمال التقليدية - ليس بالضرورة مرغوباً فيه في كثير من المهن والأعمال، لأن صاحبه واثق من نفسه جداً، ويتصرف بأسلوب مفاجئ، وقد لا يلتزم بالمعايير الخُلُقية والاجتماعية (وخاصة إذا كان الابتكار في ميادين الفنون والآداب ) .

ويتّسم المبدعون من الأدباء إلى سمة يمكن تسميتها بالبصيرة النفسية أو التقمص الوجداني. وهي تعني قدرة الأديب أو الفنان على فهم شخصيات الآخرين، والشعور بمشاعرهم، والتوحد مع الموضوع، وهذه القدرة تختلف عن المشاركة الوجدانية التي تعني التعاطف .

الفنان المبدع إذاً يحس بمشاعر الآخرين، وينظر إلى الأحداث من خلال عيونهم، ويدرك دوافع سلوكهم ... وقد يدين في أثناء ذلك، أو في نتيجته، تلك الدوافع .

كما ينشأ عن البصيرة النفسية لدى المبدعين من الأدباء والفنانين : الاتجاه الجمالي الذي يعني الالتقاط الحساس لأي تناسق أو عنصر جمالي يقع في مركز الانتباه، واستقراء معانٍ لا يدركها الإنسان العادي، لكن الإنسان العادي عندما يطلع عليها في أعمال الفنان أو الأديب يعجب بها، أو يستهجنها . ومثال ذلك رؤى الصوفيين .

ونتيجة لشعور المبدع بتميزه، واستقلال تفكيره، ومخالفته لرؤى أبناء مجتمعه في مجال رؤاه الخاصة ... ينمو عنده الاعتداد بالنفس والاعتماد عليها، بمقابل ضعف شعوره بالانتماء إلى المجتمع الذي لا يقدِّم إليه – وفق اعتقاده – إلا القليل.

**المدرسة والإبداع :**

مما سبق نجد أن ارتباط الذكاء بالتفوق الدراسي ارتباط قوي، أما ارتباطه بالإبداع فليس كذلك . ومن المناسب ذكر بعض التكملات والتوضيحات لعلاقة المدرسة بالإبداع والذكاء .

التعليم المدرسي بالضرورة يعتمد على المنهاج، مهما كان في هذا الاعتماد من مرونة، ويقوّم الطلاب – بالضرورة – وفق التحصيل الدراسي واستيعاب المنهج مهما اعتمدت الاختبارات على الاستنباط والربط ... ونتيجة لذلك سيكون التعليم المدرسي كاشفاً للذكاء، مثمّناً له، مهملاً للابتكار،

وربما قامعاً له ! وكثيراً ما اتُّهم المبدعون العباقرة بأنهم أغبياء متخلفون ... حينما كانوا على مقاعد الدراسة .

يجد المبدع أن التزامه بالمنهج المدرسي وضوابط الاختبارات التي تفرض عليه التقيد بمعطيات المنهج ... تشكل تهديداً خطيراً لقدراته الإبداعية، يقول آينشتين عن ذلك : " لقد كان هذا القيد مفزعاً للغاية، لدرجة أنني بعدما اجتزت الامتحان النهائي وجدت نفسي غير قادر على التفكير في أي مشكلة علمية لمدة عام تقريباً " .

وفي سن السادسة عشرة رسب آينشتين في امتحان القبول في معهد الفنون التطبيقية بزيورخ، ولكنه نجح في العام التالي بدرجة مُرْضية . وأعلَن آينشتين مرة " إنني لا أكدّس الحقائق في ذاكرتي، حيث إنني أستطيع الحصول على تلك الحقائق بسهولة في إحدى الموسوعات " .

ومثال آخر : التحق الطفل بمدرسة البلدة، التي لم تكن تلقن الطلاب في ذلك الوقت، أكثر من القراءة والكتابة والحساب أي استخدام الأعداد .

وكانت المدرسة تستخدم العصا لحث الأولاد الكسالى والمبطئين أو البلهاء - كما كانوا يسمونهم . وكان المعلمون عاجزين تماماً عن قراءة ما يدور في عقل تلميذهم الجديد، فكان يجلس ثم يرسم صوراً، ويلتفت حوله، وقد يصغي إلى ما يقوله كل واحد منهم، وكان يوجه أسئلة " مستحيلة " لكنه يأبى أن يجيب عن إحداها، حتى لو هدده المدرس بالعقاب. وكان الأطفال يلقبونه " الأبله "، وبوجه عام كان في مؤخرة صفه .

وذات يوم، زار أحد المفتشين الصف فتوجه إليه المعلم بالشكوى من سلوك التلميذ الجديد قائلاً : " إن عقل هذا الصبي مختل وهو غير أهل لإبقائه في المدرسة أكثر من ذلك . " ولكن بمرور الوقت أصبح هذا الصبي عالماً ذائع الصيت، فلم يكن إلا " توماس أديسون " Edison المخترع الأمريكي ( 1847-1931 )، وكلنا

يعلم ما قدمه للبشرية من مخترعات يسّرت لها أسباب الحياة والرفاهية، ومنها : الحاكي ( الفونوغراف)، الخيالة ( آلة السينما )، المحرك الكهربائي ( الموتور )، البطارية الكهربائية، الهاتف، والمصباح الكهربائي المتألق ... الخ .

**ومثال آخر :** أحد مهندسي المعمار الأمريكيين الـذين درسهم مـاكينون Mackinnon ـ ( 1962 )، كان واحداً من أكثر الطلاب تمرداً، ولكن بمضي الوقت أصبح مـن أكـثر مهنـدسي عصره إبداعاً . وكان عميد معهد الفنون الذي يدرس به، قد نصحه بأن يترك دراسة الفن ويتجـه إلى أي عمل آخر، حيث إنه لا يملك أية موهبة، بدلاً من تضييع وقته سدى .

**فإذا سألنا بعدئـذ :** لمـاذا تفشـل المدرسـة عـادة في كشـف المبـدعين ؟ كـان الجـواب : لأن المدارس تعتمد معايير نمطية لا بديل عنها، وهي تصلح للشريحة العظمى من الطلاب، وتركّز ـ في الدرجة الأولى ـ على القدرات المعرفية ( التعرف، التحقق، اليقظة ... ) ثم على القدرات التقاربية ( أي الانسجام مع معايير السلوك المقبولة اجتماعياً ورسمياً، والقرب من الاتجاه الصحيح والحـل الصحيح ) ثم على الذاكرة، ثم عـلى القدرات التقويمية كـالتفكير النقـدي والمقـارن، وأخيراً عـلى القدرات المتعلقة بالابتكار (كالتفكير المستقل والمستفسر ) وهي التي تسمى بالعمليات العقليـة التشعبية أو المتباعدة، والتي يمكن أن تتوصل إلى نتائج مفاجئة غير مألوفة، وهي تقابل طرائق التفكير اللامّ أو القدرات التقاربية، التي تنتهي إلى نتيجة محددة سلفاً .

لذلك فإن كثيراً من المبتكرين لم يتوصلوا إلى مكانتهم المرموقة في الجو المدرسي وحتى نهاية المرحلة الثانوية، وأحياناً حتى نهاية المرحلة الجامعية .

ولكن هل يمكن التعامل مع الطلاب في خطين متباينين : الخط النمطي الذي يشمل عامة الطلاب، والخط المستقل الذي يصلح للتعامل مع مبدع في الرياضة أو الكمبيوتر أو الشعر ... !؟ الأمر ليس سهلاً، لكن ما يُقَرِّبُه هو نشر

ثقافة تربوية بين المربِّين يعرفون من خلالها خصائص الشخصية المبدعة، ووجود مشرفين تربويين يتمكنون من كشف تلك الخصائص وتوجيهها ورعايتها .

وهذا يوصلنا إلى حقيقة أخرى وهي أن الإبداع الكامن في النفس لا قيمة له حتى يتحقق في واقع ملموس، لأن هذا التحقق يجعله محدداً واضحاً، فكما يقال : إن أفضل ما يحدد الناس المبدعين موضوعياً هو أعمالهم . ويقول آينشتين في هذا : لكي يكون لمفهوم الابتكار معنى حقيقي، يجب أن يقدّم مقياساً لنفسه .

**الفرق بين مفهوم الإبداع والابتكار:**

"إن الكثير منا تراه لا يفرق أحيانا بين الإبداع والابتكار بل يرى أنهما كلمتان تدلان على معنى واحد بل لا يجد أن هنالك فرقاً يذكر بينهما والحقيقة أن هنالك فرقاً بين الإبداع والابتكار . وردا حول بعض الاستفسارات التي وردتني عن مفهوم الإبداع الفني كونه أحد مقومات الموهبة رأيت أن أشارك في هذا الموضوع من باب تعميم الفائدة والله من وراء القصد،،،

**من حيث مناقشة مفهوم الإبداع والابتكار نجد ان:**

- الابتكار إنتاج الجديد الذي لا يتصف بالجمال بدرجة كبيرة كما هو الحال في مجال العلوم المختلفة ففي هذه المجالات لا يهتم المبتكرون بالجمال بقدر فائدة المنتج.
- بينما الإبداع يعني إيجاد الجديد شريطة أن يتصف هذا الجديد بالجمال كما هو الحال في الفنون التشكيلية.
- والابتكار مرتبط بالسبق والإتيان بالجديد فكل من أوجد شيئاً قبل الآخرين فهو مبتكر، وهو يتسم بالسبق في الفكر فكل فكرة لم يسبق إليها أحد فصاحبها مبتكر ونقول ...( فكرة مبتكرة).
- بينما الإبداع يكون في الأداء فكل أداء متقن وجميل يقال عليه إبداع ونطلق على من قام بهذا الأداء ... ( مبدع ).

التعبير الفني والتفكير الابتكاري

و تشير السنان (2004 ) إلى أن الفن (تعبير عن عاطفة إنسانية يحاول بها الإنسان التكيف مع بيئته ومجتمعه، علماً أنه يرغب في تكرار الإحساس باللذة الذي اعتراه عند الممارسة الأولى للفن، ولا يخرج تعبير الإنسان إلا من ذاته من خلال تراثه الثقافي Culture ورؤيتها المتعددة، والمخزون البصري والثقافي و الذي يتكون خلال معايشته لمجتمع ما ثم يقوم بإعادة تمثيلها بصريا من خلال العمل الفني .)

ويمكن النظر إلى تعبيرات الأطفال على أنها جميع التعبيرات الفنية التي يقوم بها الأطفال ويشكلونها من خلال أعمالهم الفنية التي يقومون بها ومن خلال الخامات والأدوات . ولقد وصف العديد من المربين والباحثين تعبيرات الأطفال التشكيلية بمسميات عديدة.

فالبعض اعتبرها فناً قائماً بذاته سمي (فنون الأطفال) وقد لاقت هذه التسمية اعتراضات عديدة تمحورت حول أن الفن بمفهومه التشكيلي كأداء مميز يختلف عن تلك التعبيرات الفنية التي ينتجها الأطفال ولذلك لا ينطبق تسمية فن على تلك التعبيرات. حيث إن مصطلح تعبير فني قد يشمل جوانب فنية أخرى غير التشكيل فإن التسمية "رسم الأطفال" وقد تكون الأنسب لما يقوم به الطفل من تعبيرات فنية تشكيلية.

ولعل من أهم الأسس اللازمة لإنماء التفكير الابتكاري مايلي:

ـ التعرف على طبيعة التعبير الفني لدى الطلاب، من خلال ذلك يمكن توجيه العملية الابتكارية ككل.

ـ أن التعبير الفني عند الطلاب يجب أن لا يكون الغرض منه ابتكارياً بقدر ما هو وسيلة تدفع بالتلميذ للتفكير الابتكاري كبداية يرجى من خلالها الخوض في العملية الابتكارية في مستوياتها الأولية وتطويرها لتصل إلى مستويات أكثر علواً وتعقيداً.

وقد حدد ( الغامدي ) بعض الأسس الهامة للربط بين التفكير الابتكاري كعمليات عقلية تؤثر وتتأثر بالتعبير الفني كفعل ابتكاري ضمن مفهومه وهي على النحو التالي:

1- أن التفكير عملية عقلية عامة، أما التفكير الابتكاري فيمكن اعتباره حالة خاصة ضمن العملية العامة باعتباره مستوىً نامياً من التفكير إلا أنه ليس كل تفكير ابتكاري يؤدي بالضرورة إلى نتيجة ابتكارية.

2- أن دوافع التفكير الابتكاري عمومية في مجملها لكنها تختلف في قوتها من فرد إلى فرد آخر، ارتباطاً بعامل القدرة. ولذلك فإنه يمكن تطوير التفكير الابتكاري كعملية من خلال تنمية القدرات، مع ملاحظة أن في التعبير الفني تكون عملية التطوير أو الإنماء بجانب التفكير الابتكاري والتعبير الفني عملية تبادلية يصعب فصلها، فنحن نفكر من منطلقات ابتكارية بغرض إيجاد تعبيرات فنية لها صفات ابتكارية.

3- أن هنالك حركة دائرية متبادلة بين عملية التفكير والتعبير الفني مستمرة ولا تتوقف، إذ غالباً ما تتولد بعض الدوافع والأفكار الأخرى باعتبارها نواة لفعل تعبيري آخر أثناء عملية التعبير ذاتها.

4- أن القدرات الفنية تلعب دوراً رئيسياً في تفسير طبيعة التفكير الابتكاري ومن ثم توجيه عملية التعبير الفني. ومن هنا يمكن النظر إلى عامل القدرة على أنه عامل مشترك إذ إن القدرة في التعبير الفني مسبوقة بالقدرة على التفكير الابتكاري.

### الإبداع .. بقوة الطباع

الإبداع نشاط إنساني خلاق مفيد .. وجميل، والشخص المبدع إنسان متميز وموهوب ونافع للوطن وللمجتمع ولمجال إبداعه أو ربما للإنسانية بشكل عام والمبدعون على ندرتهم يشكلون ثروة بشرة أشبة بالجواهر الثمينة.. والإبداع والمبدعون إجمالي يتعددون من حيث درجات الإبداع ومجالاته وأوجه التفرد في إنتاجه .. فهناك الشاب المبدع والرياضي المبدع والإداري المبدع والإعلامي المبدع وهناك أيضا المبدع في المجال الثقافي والفني العلمي والكشفي والإرشادي وغيرها من المجالات الأخرى .

بصورة موجزة فإن الحديث عن الإبداع والمبدعون له مجال متسع وخصب وربما لا ينتهي الأمر عند الحد الذي نتصوره، وقد يحتاج هذا الأمر إلى العديد من الكتب والمجلدات العلمية المحكمة التي لا ناقة لنا فيها ولا جمل .. لكن ما جعلني أتطرق إلى هذا الأمر في هذه العجالة المتواضعة، بعض حالات الصرف والتوزيع الظالم لألقاب الإبداع من قبل أشخاص لا يمتلكونها إلى آخرين لا يستحقونها .. والأمثلة كثيرة سواءً في النشاط الشبابي والرياضي والإعلامي والإداري والفني أو في غير ذلك من المجالات الأخرى في شتى جوانب النشاط الإنساني بصورة عامة .

اليوم وفي زمن غابت عنه المثل والمبادئ المحددة لكل شيء ذو قيمة كهذا الزمن الذي نعيشه والذي سادت فيه المحسوبية بدلاً عن الكفاءة والمجاملة بدلاً عن الجدارة والمصالح الخاصة بدلاً عن النفع العام .. فإنه لا مجال للعجب والغرابة أن نجد من يمنح صفات الإبداع والتميز لكل من هب ودب دون وجه حق.. حتى صار البلد يكتظ بالمبدعين (إياهم) الذين يقفون في الواجهة ويضعون الحواجز لمنع أي محاولات للخطو الصحيح على طريق الإبداع ولو لخطوة واحدة لا غير.

فللإبداع مجالات شتى، والمبدعون يتواجدون بشكل كبير ولكن لا أحد يبحث عنهم أو يرعاهم ولا يوجد أحد يشعر بالحاجة إليهم وربما لا يوجد أحد لديه الرغبة بأن يتيح لهم فرصة المرور- بمعنى أنه لا يوجد من يرحمهم أو يدع الرحمة تنزل عليهم- وقد تصبح صفة الإبداع تهمة تلاحقهم وسبباً للخوف منهم والحذر من كل ما يصدر عنهم من قول أو عمل ...

أمر آخر في شأن الإبداع لا يقل أهمية عن سابقيه وإن كان أكثر غرابة .. وهو أن هناك أشخاص يمكن وصفهم بأنصاف المبدعين ومع ذلك تجدهم في محل الاهتمام والرعاية وقد توافرت لهم كل أسباب التفوق والنجاح ومع ذلك لا ينالون منه إلا الشيء اليسير جداً جداً .. وإذا أتيحت لأي منهم فرصة للخروج إلى أي بلد آخر فإنه يكون محل الإعجاب والاهتمام وربما في هذه الحالة يجري الاهتمام بهم وتطويرهم إلى الأفضل .. بينما أن المبدع الحقيقي في بلدنا يتلاشى مثل الشمعة وربما يموت وإبداعه مسجون في عقله وقلبه قبل أن يفرج عنه وقبل أن يعرفه أو يستفيد منه أحد.

خلاصة القول إن الإبداع والمبدع الحقيقي موجودان ومتوافران لدينا ولكن التعرف عليهما في المجال الشبابي والرياضي على سبيل المثال .. بحاجة إلى نوع من محاولة البحث الصادق وإفساح المجال للإبداع المثمر، وتعرية كل منتحلي صفة الإبداع المزيف الذي يقوم على شيء من الفضاضة وقوة الطباع والاعتماد على المعرفة والوساطة والمجاملة والوشاية وتبادل المصالح الضيقة والمنافع الشخصية الدنيئة .. وعندها سنجد المبدع الحقيقي ونحدد الفارق بين المبدع بمقياس ملكات الإبداع والمبدع بقوة الطباع .. وكفى .

# مفاتيح للإبداع

لعلك قد تحمّست للتفكير الإبداعي, واشتقت إلى جني فوائده الإدارية الثمينة, وأحسست بقيمة ما يضيفه الإبداع في المؤسسات من تجديد وتقدم وتميز وتطوير وتحسين للأداء, ورفع للكفاءات وحل للمشاكل بأسلوب أسرع وأفضل وأوفر.

والآن سنعرض عليك بعض المفاتيح التي تفتح لك باب الإبداع على مصراعيه وتتيح لك فرصة الدخول في دنيا الإبداع الواسعة .

وقد قال الله تعالى في كتابه ( إِنَّ اللـه لاَ يُغَيِّرُ مَا بِقَوْمٍ حَتَّى يُغَيِّرُواْ مَا بِأَنْفُسِهِمْ) ولذا فدائما ما يكون أول مفتاح في أي شخص هو نفسه, فإذا نجحت في تغيير نفسك وتطويرها وتحسينها فُتِحت لك مفاتيح كل شيء.

وحتى تستطيع تغيير نفسك تحتاج أن تعرف تلك الصفة الجديدة التي تحتاج أن تتصف بها, وهذا يجعلنا نهديك المفتاح الأول النفيس وهو:

**صفات المدير المبدع:**

فبالوقوف على صفات المدير المبدع وتأملها تعرف شكلك الذي تريد أن تصل إليه في المستقبل.

ولذا ننصحك بأن تأخذ كل صفة من هذه الصفات التي سنذكرها لك إن شاء الله لمدة أسبوع, وتتخيل نفسك جيدا وأنت متصف بها, وتجتهد في تحقيقها في نفسك والاتصاف بها, وأنا أريد منك الآن أخي القارئ أن تتخيل نفسك ذلك المدير المبدع الذي له الصفات التالية :

- لديه أهداف واضحة يريد الوصول إليها
- لديه تصميم وإرادة قوية

- يبحث عن الطرق والحلول البديلة ولا يكتفي بحل أو طريقة واحدة

- يتجاهل تعليقات الآخرين السلبية

- لا يخشى الفشل

- اليقظة والوعي والإحاطة بما يدور حوله

- حب الاستطلاع والمساءلة

- حب التعلم والانفتاح على الخبرات الجديدة

- التركيز على المهمات وعدم التشتت

- الأمانة والشجاعة والحرص على الإقدام والمثابرة

- الحساسية الزائدة تجاه المشكلات

- القدرة على تحرير الأفكار والتعبير عنها

- له قدرة على دمج العناصر المتفرقة

- مبادر و إيجابي و متفائل دائما

- يبحث عن التشويق والإثارة

فهذه جملة من صفات المدير المبدع التي متى نجحت في الاتصاف بها؛ صرت مديرا مبدعا بالتأكيد, والحقيقة أن الإبداع موجود فينا, ولكن المشكلة أن هناك مجموعة من العوائق الشخصية تعترضنا وتمنعنا من الإبداع, فإذا تعرفت أخي القارئ على هذه المعوقات وتجنبتها؛ صار ذلك مفتاحا آخر لا يقل عن المفتاح الأول الذي أهديناه لك, ولذا فمفتاحنا الثاني اليوم هو:

**تجنب المعوقات الشخصية للإبداع**

فهذا أمر يجب أن نقر بوجوده, أن أكثرنا يعاني من داخل نفسه من مشاكل ومعوقات تمنعه من أن يبدع في عمله, وإنما يكون بداية العلاج بالتعرف على مثل هذه المعوقات ليأتي تجنبها بعد ذلك.

ولذلك تعرف على هذه المعوقات التي سنذكرها لك وافهمها جيدا ليتسنى لك تجنبها بعد ذلك :

- الشعور بالنقص ( أنا ضعيف, أنا غير مبدع)
- عدم الثقة بالنفس
- عدم التعلم والاستمرار في زيادة المحصول العلمي
- الخوف من تعليقات الآخرين السلبية
- الخوف من الفشل
- الرضا بالواقع
- الجمود على الخطط والقوانين والإجراءات
- التشاؤم ( لا فائدة)

فسارع اليوم وابن ثقتك بنفسك, وكن شخصية فعالة, لا تخشى من الفشل, وكن صاحب همة وإرادة تطمح للإنجاز والارتقاء دائما, في ظل تفاؤل ينير لها الطريق ويطلعها على فرص ذهبية متوالية, ليفتح لها آفاقا جديدة لم تكن تحلم بها من قبل.

وبمثل هذه الروح الوثابة التي تمتلكها, تجد الآخرين يتغيرون حولك وتسري روحك إليهم لتنتعش أرواحهم, وتصبح بيئة المؤسسة بيئة إبداعية ملهمة تستحق أن تكون مفتاحا ثالثا من مفاتيح الإبداع, إنه :

**بيئة المؤسسة الإبداعية :**

فحتى يبدع الفرد لمؤسسته، يجب أن توفر المؤسسة بيئة تتقبل الإبداعات على أنواعها، إذ لا يمكن أن يبدع المرء في بيئة ترفض الجديد، وحتى تصبح بيئة المؤسسة بيئة إبداعية، يجب على المدير وفريق إدارته أن يكونوا مبدعين, وأن يقتنعوا بأن موظفيهم بإمكانهم أن يبدعوا ويبتكروا حلولاً لمشاكل تواجههم، بل ويجب أن يلغوا الكثير من القواعد العقيمة التي تضع حدودا حول الموظفين تعيقهم في عملية الإبداع .

وإليك بعض القواعد التي تساعدك على خلق بيئة إبداعية في مؤسستك :

1. ضع طرقا وأساليب رسمية وغير رسمية لتحفيز وتكريم الموظفين على الأفكار الجديدة.

2. أعط فرصة للموظفين لمقابلة الإدارة والمسؤولين على مختلف مستوياتهم الإدارية، افتح باب الاتصال بين جميع جهات المؤسسة حتى تخلق وعيا بوضع المؤسسة في قلب وعقل كل موظف.

3. احذف واشطب كل ما يعيق الإبداع من نظم وقوانين وقواعد، أما الموظفون والمديرون السلبيون فيجب العمل على تغيير أفكارهم ومعتقداتهم .

4. اغرس في عقول وأنفس الموظفين بأنه لا مستحيل على الإنسان.

ومن أمثلة ذلك: أنه حدث مرة في مؤسسة جنرال إلكتريك أن أراد المدير استغلال حماسة موظف جديد في الشركة, فطلب منه أن يبتكر طلاء يزيل الحرارة عن الزجاج الخارجي للمصباح الكهربائي.

فبدأ ذلك الموظف الجديد يحاول الوصول إلى ذلك, مما أثار سخرية الموظفين القدامى منه فيما بينهم إذ إنهم قد تعودوا على عدم الإبداع, وتجمدت

مفاهيمهم على أنه من المستحيل صنع هذا الطلاء، لكن المفاجأة فجرها ذلك الموظف الجديد, عندما استطاع ابتكار طلاء يخفف من حرارة المصباح الكهربائي، حقاً إنه لا مستحيل أبداً!

5. تعليم الموظفين نظام (كايزن kaisen) وتعويدهم عليه, وهذه كلمة يابانية تعني التطوير المستمر.

فهذا النظام يعني إدخال تحسينات صغيرة وبسيطة على الخدمات والمنتجات بشكل دائم، وبذلك لن يستطيع أي منافس اللحاق بك، ومن الشركات التي تعمل بهذا المبدأ شركة سوني، وقد سئل مديرها في مرة, عن الجدوى من وراء طرح منتجات جديدة بينما القديمة لم تُبع بعد، فرد قائلاً: إن لم أبتكر وأبدع فسأصبح تابعاً، وأنا أريد أن أكون قائداً لا تابعاً.

6. قم بإنشاء نظام لتلقي الأفكار والاقتراحات:

هذا النظام يجب أن يوفر فرصة للموظف لتجربة فكرته بشكل مصغر, ثم تنفيذ الفكرة بشكل واسع على المؤسسة بأكملها .

وهذا النظام مطبق في شركة تويوتا اليابانية، حيث تتلقى الإدارة 1500000 اقتراح!! مليون ونصف اقتراح سنوياً! ويتم تطبيق 98 بالمائة منها، ويكرم الموظفون أصحاب الاقتراحات معنوياً ومادياً.

ولئن كانت هذه القواعد كفيلة بخلق بيئة إبداعية في مؤسستك إلا أنه يجب عليك بالإضافة إلى ذلك تجنب ما يعوق الإبداع في مؤسستك ليكون مفتاحا رابعا نهديه لك:

**معوقات الإبداع في المؤسسات:**

فكثير من المؤسسات للأسف الشديد قد قتل فيها الإبداع منذ أمد بعيد

بسبب أخطاء بسيطة في ظاهرها مهلكة في حقيقتها, أو عادات روتينية عقيمة أحاطت بجو المؤسسة وبيئتها فسجنتها في سجن التقليد والجمود بعيدا عن الإبداع والتطوير, إنها معوقات الإبداع نلخصها لك عزيزي القارئ فيما يلي :

- التأخير في تنفيذ الأفكار
- عدم تشجيع المبدع وجعله ينفذ الفكرة وحده دون دعم مادي أو معنوي
- التقيد بالقوانين والقواعد الجامدة
- الخوف من الفشل
- وجود مديرين تقليدين
- وجود موظفين مثبطين
- الأقوال السلبية مثل:

1. ستستغرق هذه الفكرة وقتاً طويلاً
2. هذا مستحيل
3. هذه فكرة غبية
4. لا أعتقد أن ذلك مهماً
5. لا أريد أية معلومات إضافية
6. الوضع جيد ولا يحتاج إلى تغيير
7. مؤسستنا صغيرة والفكرة كبيرة
8. ليس لدينا وقت الآن.

فاحذر من هذه المعوقات القاتلة وتجنبها لتتمكن من فتح باب الإبداع في مؤسستك .

وإليك عزيزي القارئ نموذج لقائد نجح في صنع بيئة إبداعية رشـيدة, إنـه أعظـم قائـد في التاريخ, إنه النبي صلى الـله عليه وسلم .

# النبي صلى الله عليه وسلم
# يصنع بيئة إبداعية في مجتمعه

فالمتتبع لسيرة النبي صلى الله عليه وسلم مع صحابته يجد كيف نجح النبي صلى الله عليه وسلم في إنشاء بيئة مبدعة ناجحة.

ومن أبرز مظاهر ذلك حرصه على مشاورة أصحابه في جميع الأمور, وتشجيعه إياهم على إبداء آرائهم والأخذ بها في كثير من الأحيان.

كما كانت هناك درجة عالية من الاتصال بين رسول الله صلى الله عليه وسلم وجميع صحابته, وكان لجميع الصحابة الفرصة الكاملة لعرض أفكارهم وآرائهم, ولذلك كثيرا ما تجد في السيرة مواقف يعرض فيها صحابة صغار أو غير مشهورين آراءهم ويأخذ بها النبي صلى الله عليه وسلم, ومن أشهر المواقف التي تصور لنا هذه البيئة الإبداعية التي صنعها النبي صلى الله عليه و سلم؛ موقف يوم بدر:

بعد أن جمع صلى الله عليه وسلم معلومات دقيقة عن قوات قريش سار مسرعًا ومعه أصحابه إلى بدر ليسبقوا المشركين إلى ماء بدر, وليَحُولوا بينهم وبين الاستيلاء عليه، فنزل عند أدنى ماء من مياه بدر.

وهنا قام الحباب بن المنذر، وقال: يا رسول الله: أرأيت هذا المنزل، أمنزلاً أنزله الله ليس لنا أن نتقدمه ولا نتأخر عنه؟ أم هو الرأي والحرب والمكيدة؟ قال: " بل هو الرأي والحرب والمكيدة" قال: يا رسول الله فإن هذا ليس بمنزل، فانهض يا رسول الله بالناس حتى تأتي أدنى ماء من القوم- أي جيش المشركين-

فننزله ونغور -نخرب- ما وراءه من الآبار ثم نبني عليه حوضًا فنملؤه ماء ثم نقاتل القوم, فنشرب ولا يشربون، فأخذ النبي صلى الله عليه وسلم برأيه ونهض بالجيش حتى أقرب ماء مـن العـدو فنزل عليه, ثم صنعوا الحياض وغوروا ما عداها من الآبار.

فهذا الموقف يصور لنا كيف كان رسول الله صلى الله عليه وسلم مـع أصحابه, حيـث كان أي فرد منهم يحق له أن يدلي بأفكاره ويعرض رأيه حتى في أخطر القضايا, ولا يكون في قلب هذا الشخص أدنى خوف من احتمال غضب القائـد الأعـلى, مـما قـد يترتـب عليه مـن العقوبات والسمعة السيئة والضرر في نفسه أو ماله .

ولا يتوقف الأمر على الحرية في إبداء الآراء, بل يزيد على ذلك بأن يأخذ النبي صلى اللـه عليه وسلم بالفعل برأي هذا الصحابي الجليل, ويتغير جزء من خطة المعركة بأكملها بناء عـلى رأي ذلك الصحابي الصائب, ويتحرك الجيش بأكمله ويغير من موقعه بناء على اقتراح الحباب بن المنذر رضي الله عنه.

ولك أن تتخيل معي شعور هذا الصحابي الجليل وهو يرى الجيش بأكمله - بمـا فيـه مـن رسول الله صلى الله عليه وسلم وكبار الصحابة كأبي بكر وعمـر رضي اللـه عـنهما- يتحركون ويغيرون من أماكنهم بناء على اقتراحه هو.

فكفى بذلك تشجيعا على الإبداع وصنعا لبيئة مبدعة متحفزة !

# الفصل الثالث

# الذكاء

# الفصل الثالث
# الذكاء

## مفهوم الذكاء

يختلف عامة الناس في نظرتهم للذكاء، فبعضهم يصف الذكي بأنه ذو اليقظة وحسن الانتباه والفطنة لما يدور حوله أو ما يقوم به من أعمال، ومنهم من يراه الشخص الذي يقدر عواقب أعماله ولديه القدرة على التبصر، ومنهم من يراه بأنه الشخص النبيه ... ومهما يكن من أمر هذه العبارات، إلا أن عالم النفس ينظر إلى الذكاء بطريقة مختلفة عن تلك التي ينظر بها الآخرون إليه، فالذكاء بالنسبة لعلماء النفس سمة يمتلكها كل الأفراد .

## تعريف الذكاء

قدم علماء النفس على اختلاف مدارسهم تعريفات شتى للذكاء، بعضها يتعلق بوظائفه، وبعضها يتعلق بالطريقة التي يعمل بها، ونتيجة لهذا وجدت تعريفات متعددة لهذا المفهوم الهام مما أدى بعض الباحثين إلى دراسة هذه التعريفات وتصنيفها إلى ثلاث مجموعات :

**الأولى :** تؤكد على الأساس العضوي وللذكاء : وهذه المجموعة تعرف الذكاء بأنه قدرة عضوية فسيولوجية تلعب العوامل الوراثية دوراً كبيراً فيها

**الثانية :** تؤكد على أن الذكاء ينتج من التفاعل بين العوامل الاجتماعية والفرد، فالذكاء في نظرها القدرة على فهم اللغة والقوانين والواجبات السائدة في المجتمع، وهنا تكون العوامل الاجتماعية هي العوامل المؤثرة في الفروق بين الأفراد في الذكاء .

أما **المجموعة الثالثة** : فهي فئة التعريفات التي تعتمد على تحديد وملاحظة المظاهر السلوكية للحكم على ذكاء الفرد .

## طبيعة الذكاء

الذكاء ينظر إليه كقدرة كامنة تعتمد على الوراثة وعلى النمو والتطور السليمين، فالذكاء كقدرة كامنة يمكن تعديلها عن طريق الاستثارة بالمؤثرات البيئية المختلفة، كما يؤكدان على أن الذكاء يقف في عمر معين عند الفرد وإن كان هناك اختلاف بين العلماء حول العمر الذي يقف فيه نمو الذكاء .

إن نمو الذكاء قد يتوقف كقدرة كامنة شأنه في ذلك شأن النمو الجسمي، ولكن لا يعني ذلك توقف التعلم والإنتاج العقلي واكتساب المهارات والخبرات الجديدة .

**أهم النظريات التي حاولت تفسير طبيعة الذكاء:**

- **نظرية العاملين** : يرى سبيرمان أن الذكاء ليس عملية عقلية معينة كالإدراك والتفكير، بل هو عامل عام أو قدرة عامة تؤثر في جميع العمليات العقلية بنسب متفاوتة يشترك معه عامل نوعية خاص . والعامل العام في رأيه يؤثر في جميع القدرات والعمليات الجيدة من استدلال وابتكار وتصور وتذكر وإدراك حسي ولكنه يؤثر فيها بنسب مختلفة، وبعبارة أخرى فالذكاء جوهر النشاط العقلي كله فهو يظهر في جميع تصرفات الفرد وأوجه نشاطه المختلفة مع وجود استعدادات نوعية إلى جانبه .

- **نظرية العوامل المتعددة** : يرى ثورندايك صاحب هذه النظرية أن الذكاء يتكون من مجموعة من العوامل أو القدرات المتعددة، وللقيام بعملية عقلية ما فلا بد من تضافر ووجود عدد من القدرات تعمل مشتركة فيما بينها على اعتبار أن هناك ارتباطا بين كل عملية وأخرى، ويرى ثورندايك أن العمليات العقلية هي

نتاج لعمل الجهاز العصبي المعقد الذي يؤدي وظيفته على نحو كلي ومتنوع بحيث يصعب وصفه على أنه مجرد امتزاج مقادير معينة من عامل وعوامل نوعية .

**ويرى ثورندايك أن هناك أنواعاً للذكاء :**

أ ـ **الذكاء المجرد** : وهو القدرة على معالجة الألفاظ والرموز والمفاهيم المجردة بكفاءة .

ب ـ **الذكاء الاجتماعي** : القدرة على التفاعل بفاعلية مع الآخرين وإقامة علاقات اجتماعية ناجحة .

ج ـ **الذكاء الميكانيكي** : قدرة الفرد على التعامل مع الأشياء المادية المحسوسة .

- **نظرية العوامل الطائفية** : يرى ثيرستون صاحب هذه النظرية أن الذكاء يتكون من عدد من القدرات العقلية الأولية، وهذه القدرات مستقلة عن بعضها البعض استقلالاً نسبياً لا مطلقاً وأن بعض العمليات المعقدة يوجد بينها عامل رئيسي مشترك يدخل في عدد من العمليات ولا يدخل في البعض الآخر .

فمثلاً حتى نفهم الهندسة أو الجبر فلا بد من تضافر القدرة العددية والقدرة على التصور البصري والقدرة على الاستدلال، وفهمنا لقصيدة شعرية لا بد من تضافر القدرة على فهم المعاني، والطلاقة اللفظية والقدرة على التذكر .

**خصائص الذكاء**

- نمو الذكاء .
- توزيعه .
- تأثره بالوراثة والبيئة .
- علاقته بالتعليم المدرسي .

- علاقته بالمهنة .

- علاقته بالتكيف الخلقي .

## أولاً : نمو الذكاء :

إن الذكاء يزداد بزيادة العمر، وأن هذه الزيادة هي السبب الذي جعل " بينيه " يتخذ من العمر العقلي وحدة لقياس الذكاء، كما اتخذ من نسبة هـذا العمر إلى العمر الزمني دليلاً علـى تقدم الطفل أو تأخره العقلي .

وفيما يختص بموضوع النمو العقلي أسفر استخدام اختبارات الذكاء عـن بعض الحقائق نشير إليها فيما يلي :

أن النمو العقلي لا يزيد بتقدم الطفل في العمر، وإنما يكون هذا النمو سريعاً في السـنوات الخمس الأولى من حياة الطفل ثم يبطئ بالتدرج بعد ذلك .

السن التي يقف عندها الذكاء : اختلف علماء النـفس في تحديدهم السن التي يقـف عنـدها الذكاء، فالبعض قال إن الذكاء يصل إلى أقصاه في سن 15 أو16 .

بقاء نسبة الذكاء ثابتة : إحدى النتائج الأساسية التي أسفر عنها استخدام اختبارات الـذكاء هي أن نسبة الذكاء تبقى ثابتة بتقدم العمر .

أن نمو الأذكيـاء أسرع مـن نمو العاديين والأغبياء : وهـذه النتيجـة مترتبـة علـى النتيجـة السابقة، وهي أن نسبة الذكاء تبقى ثابتة بتقدم الطفل في العمر .

## ثانياً : توزيع الذكاء :

لو طبقنا اختباراً في الذكاء في مجتمع ما على مجموعة عشوائية مـن أفراد هـذا المجتمـع، لوجدنا أن نسب الذكاء تتوزع بين الأفراد بحيث تتركز غالبيتهم حول المتوسط في جانب، ويتـوزع الباقي على الجانبين المحيطين بهذا المتوسط، فما دون المتوسط في جانـب، وما فوقه في الجانـب المقابل، ويتضاءل عدد الأفراد في كلا الجانبين كلما بعدنا عن المتوسط .

**توزيع نسب الذكاء**

نسبة الذكاء التوزيع (بالمائة) :

- عبقري (أو قريب من العبقري) فوق 140 25
- ذكي جداً 120 ـ 140 6.75
- ذكي 110 ـ 120 13.000
- عادي (متوسط) 90 ـ 110 60.000
- غبي (أقل من المتوسط) 80 ـ 90 13.000
- غبي جداً 70 ـ 80 6.000
- ضعيف العقل أقل من 70 1.000

**الذكاء والتعلم المدرسي :**

إن الاتجاه العام الذي أسفرت عنه أغلب الأبحاث الخاصة بهذا الموضوع، هو إمكانية تحسين أداء الفرد في اختبارات الذكاء في حدود معقولة ( 10 درجات) نتيجة التعلم، وإن كان بعض الأبحاث قد وصل إلى نتائج مغايرة .

**العلاقة بين الموهبة والذكاء**

الموهوبون هم من تفوقوا في قدرة أو أكثر من القدرات الخاصة، وقد اعترض البعض على استخدام هذا المصطلح في مجال التفوق العقلي والإبداع على أساس أن الاستخدام الأصلي لهذا المفهوم قصد به من يصلون في أدائهم إلى مستوى مرتفع في مجال من المجالات غير الأكاديمية، كمجال الفنون والألعاب الرياضية والمجالات الحرفية المختلفة والمهارات الميكانيكية، وغير ذلك من مجالات كانت تعتبر فيما مضى ـ بعيدة الصلة عن الذكاء، فالمواهب قدرات خاصة ذات أصل تكويني لا يرتبط بذكاء الفرد، بل أن بعضها قد يوجد بين المتخلفين عقلياً .

وهكذا كان يستخدم مصطلح الموهبة ليدل على مستوى أداء مرتفع يصل إليه فرد من الأفراد في مجال لا يرتبط بالذكاء، ويخضع للعوامل الوراثية مما أدى بالبعض إلى رفض استخدام هذا المصطلح في مجال التفوق العقلي والذكاء .

ومع نمو العلم وتقدمه ظهرت آراء جديدة فتغيرت النظرة إلى الأشياء وهذا ما حدث مع هذا المصطلح، لذا انتشرت بين علماء النفس والتربية آراء تنادي بأن المواهب لا تقتصر على جوانب بعينها بل تتناول مجالات الحياة المختلفة، وأنها تتكون بفعل الظروف البيئية التي تقوم بتوجيه الفرد إلى استثمار ما لديه من ذكاء في هذه المجالات . وهكذا نجد أن الموهبة ترتبط بمستوى ذكاء الفرد أو بمستوى قدرته العقلية العامة .

## طرق وأدوات الكشف عن الموهوبين

- **محك الذكاء** : كان تيرمان أكثر من غيره، اعتزازاً بهذا المحك ومقاييسه فقام باستخدام مقياس ( ستانفورد ـ بينيه ) للذكاء، ورأى أن الموهوب والمتفوق عقلياً هو من يحصل على درجات على هذا المقياس بحيث تضعه أفضل 1 بالمائة من المجموعة التي ينتمي إليها في ضوء مستوى الذكاء.

- **محك التحصيل المدرسي** : وحسب هذا المحك يشمل التفوق أولئك الذين يتميزون بقدرة عقلية عامة ممتازة ساعدتهم على الوصول في تحصيلهم الأكاديمي إلى مستوى مرتفع .

- **محك التفكير الابتكاري** : ويعتمد هذا المحك على إظهار المبدعين والموهوبين من الأطفال الذين يتميزون بدرجة عالية من الطلاقة والمرونة والأصالة في أفكارهم بحيث يحاول هذا المحك الكشف عن الفرد المميز والفريد وغير المألوف وبيان مدى تباين الموهوب عن غيره في طريقة تفكيره .

- **محك الموهبة الخاصة** : اتسع مفهوم التفوق العقلي بحيث لم يعد قاصراً على مجرد التحصيل في المجال الأكاديمي فقط بل نجده في مجالات خاصة تعبر عن مواهب معينة لدى الطلاب أهلتهم كي يصلوا إلى مستويات أداء مرتفعة في هذه المجالات .

- **محك الأداء أو المنتوج** : في هذا المحك يتوقع من الأطفال أن يعطوا الأداء والإنتاج المتفوق في مجال متخصص وخاصة في مستوى من كان في مثل عمرهم .

# المصادر والمراجع

1- جروان، فتحي عبد الرحمن ( 1998 ) .الموهبة والتفوق والإبداع . دار الكتاب الجامعي . العين . الإمارات العربية المتحدة.

2- المشيقح، عبد الرحمن بـن صالح (2000)، الطريق إلى الإبداع . دار البشائر . دمشـق . ص ( 20).

3- القذافي، رمضان محمد . ( 2000 ) . رعاية الموهوبين والمتفوقين . المتكبة الجامعية . الإسكندرية . ص ( 15 ).

4- الجسماني، عبد العلي . ( بدون ) . سيكولوجية الإبداع . الدار العربية للعلوم. ص ( 33).

5- القريطي، عبد المطلب أمين(1995) مدخل إلى سيكولوجية رسوم الأطفال . دار المعارف . مصرـ . ص ( 147 ).

6- السنان، مها ( 2004م ) . لماذا نمارس الفن . منتدى الفنون . موقع المرسم . الشبكة الالكترونية.

7 -الغامــدي، احمـد ( 2003م ) التفكـير الابتكـاري . بحـث غـير منشـور [IMG]http://www.moudir.com/vb/attachment.php?s=&postid=358074[/IMG]. معلـم التربية بالذات هو المؤلف والمنفذ والمخرج فمن نلوم عند فشله وعلى من نثني عند نجاحه

8- صبحي، تيسير، ( 1992 )، الموهبة و الإبداع : طرائق التشخيص و أدواته المحوسبة، دار التنوير العلمي، عمان.

9- التعليم المفتوح، ( 1999) ، التفكير الإبداعي، القدس.

10- التعليم المفتوح، ( 1999 )، علم النفس التربوي، القدس.

11- السيد، عبد الحليم محمود، ( 1971 )، الإبداع والشخصية دراسة سيكولوجية، دار المعارف، مصر.

12- عدس، عبد الرحمن، (1999)، علم النفس التربوي، دار الفكر، عمان.

13- نشواتي، عبد المجيد،(1985)، علم النفس التربوي، دار الفرقان، عمان.

14- عاقل، فاخر، (1975)، التربية و الإبداع، دار العلم للملايين، بيروت.

15- قطامي، يوسف و نايفة، ( 2000 )، سيكولوجية التعلم الصفي، دار الشرق، نابلس.

المراجع الإنجليزية:

1- Downing , P. James , ( 1997 ) , Creative Teaching , Teacher Ideas Press , Engle Wood ,

Colorado , USA .